大学生心理健康教育研究

王艺霏　著

河北大学出版社
·保定·

出 版 人：刘相美
责任编辑：张　磊
装帧设计：王占梅
责任校对：兰彩红
责任印制：常　凯

DAXUESHENG XINLI JIANKANG JIAOYU YANJIU

图书在版编目（CIP）数据

大学生心理健康教育研究 / 王艺霏著. -- 保定：河北大学出版社，2024. 11. -- ISBN 978-7-5666-2499-4

Ⅰ. G444

中国国家版本馆CIP数据核字第20242U8P79号

出版发行：河北大学出版社
地址：河北省保定市七一东路2666号　邮编：071000
电话：0312-5073003　0312-5073029
网址：www.hbdxcbs.com
邮箱：hbdxcbs818@163.com
经　　销：全国新华书店
印　　刷：涿州市般润文化传播有限公司
幅面尺寸：170 mm × 240 mm
字　　数：200 千字
印　　张：12.5
版　　次：2024 年 11 月第 1 版
印　　次：2024 年 11 月第 1 次印刷
书　　号：ISBN 978-7-5666-2499-4
定　　价：58.00 元

前　言

在当代高等教育体系中，大学生心理健康教育已然成为一个不容忽视的重要领域。随着社会的快速发展和变革，大学生面临着前所未有的压力和挑战，其心理健康状况直接影响着个人成长、学业成就乃至未来的职业发展。因此，系统性地研究和探讨大学生心理健康教育的理论基础、实践方法和发展策略，对于提升高等教育质量、促进学生全面发展具有重要的现实意义和理论价值。

本书旨在从多个维度深入探讨大学生心理健康教育的核心问题。全书共分为七章，涵盖了理论基础、目标内容、原则方法、途径载体、问题识别、危机干预及现状对策等方面。在理论层面，本书系统梳理了心理健康的概念内涵、大学生心理发展特点及相关理论模型，为后续研究奠定了坚实的理论基础。在实践层面，本书详细论述了心理健康教育的目标体系、内容构成、实施原则和具体方法，为教育工作者提供了全面的指导框架。

本书在探讨常见心理问题识别与评估、心理危机预防与干预等方面采用了系统化、规范化的研究方法，提出了一系列具有操作性的策略和技巧。这不仅有助于提高心理健康教育工作的精准性和有效性，也为构建全方位、多层次的心理健康教育体系提供了重要参考。在研究方法上，本书秉持实证与理论相结合的原则，既注重理论分析的深度，又关注实践应用的广度。通过大量文献研究、实证调查和案例分析，本书力求在理论建构与实践指导之间达成有机统一。同时，本书还特别关注了信息化时代背景下心理健康教育的新趋势和新挑战，探讨了创新教育内容和方法的可能路径。

另外，本书不仅关注心理健康教育的现状问题，更着重探讨了未来的发展策略。本书的最后一章从构建多元协同的教育体系、创新教育内容与方法、提升教育专业化水平等角度提出了一系列具有前瞻性的优化建议，这些建议旨在为高校心理健康教育工作的持续改进和长远发展提供思路和方向。

总之，本书力图为大学生心理健康教育研究提供一个系统、全面且富有创新性的学术视角。希望本书能够推动大学生心理健康教育理论的深化和实践的优化，为培养心理健康、人格健全的新时代大学生做出应有的贡献。同时也期待本书能够引发学界对这一领域的更多关注和讨论，推动大学生心理健康教育研究的进一步发展。

目　　录

第一章　大学生心理健康教育的理论基础

第一节　心理健康的概念与内涵

一、心理健康的定义与演变

心理健康是一个复杂的多维度概念，其内涵随着心理学、医学和社会科学的发展而不断丰富和深化。从历史的视角来看，心理健康概念的演变反映了人类对心理现象认识的不断深入。早期的心理健康概念主要局限于“无精神疾病”的消极定义，随着研究的深入，当代心理学界逐渐形成了更为积极和全面的心理健康观。

现代心理健康的定义不再仅仅关注精神疾病的缺失，而是更加强调个体的积极心理状态和功能。世界卫生组织对心理健康的定义强调了多个方面，包括自我认知、压力应对、工作效能及社会贡献。这一定义体现了心理健康的整体性和功能性，将个体置于社会环境中考虑，强调了心理健康与个人发展和社会适应的密切关系。

从教育学的角度来看，心理健康的概念对于理解和促进学生的全面发展具有重要意义。它不仅涉及学生的情绪状态和心理适应，还包括他们的认知发展、人际交往能力、学习动机和自我实现等多个方面。在高等教育环境中，心理健康的概念更加强调学生应对学业压力、适应新环境、规划未来职业等方面的能力。

心理健康是一个动态的过程，而非静态的状态，随着个体的成长、环境的变化和生活经历的积累而不断发展和变化。对于大学生而言，他们正处于心理发展的关键阶段，面临着身份认同、价值观形成、人际关系拓展等多重挑战。因此，在理解大学生心理健康时，需要考虑到他们所处的特定发展阶段和社会文化背景。

心理健康的概念还包括情绪健康、心理适应和社会功能等多个方面。情绪健康是指个体能够适当地表达和调节情绪，保持情绪的稳定性和灵活性。心理适应则涉及个体对环境变化的适应能力，包括认知、行为和情感的调整。社会功能强调个体在社会交往中的表现，如建立和维持人际关系的能力。这些方面在大学生群体中尤为重要，因为大学生活常常伴随着新的社交环境和角色转换。

二、心理健康的核心特征

心理健康的核心特征反映了个体在心理和行为等方面的健康状态。这些特征不仅是心理健康的表现，也是心理健康教育的重要目标。对于大学生心理健康教育而言，了解这些核心特征有助于制定有针对性的教育策略和评估标准。

自我接纳与自我认知是心理健康的基础特征。心理健康的个体能够客观、全面地认识自己，接纳自己的优点和缺点，并保持积极的自我评价。这种自我接纳和认知使个体能够建立稳定的自我认同感，这对处于自我探索阶段的大学生尤为重要。在教育实践中，培养学生的自我认知能力和自我接纳态度应成为心理健康教育的重要内容。

情绪调节能力是另一个关键特征。心理健康的个体能够有效地识别、表达和调节自己的情绪，不仅能够适当地表达积极情绪，还能够有效地管理消极情绪，保持情绪的平衡和稳定。对于大学生来说，良好的情绪调节能力不仅有助于他们应对学业和生活的压力，还能促进他们的人际交往和心理适应。

压力应对能力是心理健康的重要标志。面对生活中的压力和挑战，心理健康的个体能够采取积极有效的应对策略，不仅能够评估压力源，还能够制订应对计划，并灵活地调整策略。在大学环境中，学生常常面临学业、人际关系、职业规划等方面的压力，因此培养他们的压力应对能力是心理健康教育的重要任务。

人际关系和社交技能在心理健康中扮演着重要角色。心理健康的个体能够建立和维持良好的人际关系，不仅具备有效的沟通技能，还能够理解他人的感受，并在社交互动中表现出适当的行为。对于大学生来说，良好的人际关系不仅是心理健康的重要方面，也是未来职业发展的重要基础。

自主性和独立性是心理健康的另一个重要特征。心理健康的个体能够独立思考和决策，不过分依赖他人，不仅能够承担责任，还能够在生活中表现出一定程度的自主性。培养大学生的自主性和独立性，有助于他们应对未来的生活和工作挑战。

环境掌控能力指的是个体有能力管理和改善自己的生活环境，能够有效地利用资源，并能够在复杂的环境中保持良好的适应性。这一能力对于大学生适应新的学习和生活环境尤为重要。

生活目标和意义感是心理健康的重要组成部分。心理健康的个体能够为自己的生活设定目标，并努力追求这些目标，不仅能够从生活中找到意义和价值，还能够保持积极的生活态度。对于大学生来说，建立明确的人生目标和找到生活的意义，对其心理健康和未来发展都具有重要影响。

个人成长和自我实现也是心理健康的重要特征。心理健康的个体具有持续成长和发展的动力，他们愿意接受新的挑战，学习新的技能，并不断追求自我实现。在大学教育中，应鼓励和支持学生的个人成长，帮助他们实现潜能。

三、影响心理健康的因素

心理健康受到多种因素的影响，这些因素相互作用，共同塑造了个体的心理健康状态，因此了解这些影响因素对于理解心理健康的本质、制定心理健康教育策略和进行心理健康干预都具有重要意义。在大学生心理健康教育中，全面考虑这些影响因素可以帮助教育工作者制定更加有效的教育和干预方案。

生物因素是影响心理健康的基础性因素，包括遗传、神经生理机制、大脑结构和功能等。某些心理健康问题可能与基因或神经系统的特定特征有关，如神经递质的平衡对情绪调节有重要影响。虽然在教育实践中难以直接改变这些生物因素，但了解它们的作用有助于更好地理解心理健康问题的成因，有利于制定更有针对性的干预策略。

心理因素在心理健康中起着关键作用，个体的认知模式、情绪特征、人格特质等心理特征对心理健康有着重要影响。例如，乐观的认知风格、良好的情绪调节能力、高水平的自尊等往往与更好的心理健康状况相关。在大学生心理健康教育中，培养积极的心理特质，改善不良的认知模式，应成为重要的教育内容。

社会环境因素对心理健康的影响不容忽视，家庭环境、学校环境、社会文化背景等都会对个体的心理健康产生影响，良好的家庭关系、支持性的学校氛围、积极的社会文化环境有利于心理健康的发展。对于大学生来说，适应新的学习和生活环境、建立新的社交网络都是重要的挑战。因此，营造良好的校园环境，提供必要的社会支持，是促进大学生心理健康的重要途径。

生活事件对心理健康的影响也非常显著，重大的生活事件，无论是积极的还是消极的，都可能对心理健康产生影响。例如，升学、就业、失恋、亲人离世等事件都可能引发心理健康问题。因此，心理健康教育应关注学生的生活经历，帮助他们有效应对各种生活事件。

社会支持是心理健康的另一个重要影响因素，来自家人、朋友、同学、教师等的社会支持对维持心理健康具有重要作用，良好的社会支持网络可以帮助个体更好地应对压力和困难。在大学环境中，建立和维护社会支持网络对学生的心理健康至关重要。大学生心理健康教育工作者应鼓励学生建立积极的人际关系，同时也要为学生提供必要的支持和帮助。

生活方式与心理健康密切相关，包括饮食、睡眠、运动等生活习惯都会影响心理健康状况，健康的生活方式有助于维持良好的心理状态。例如，规律的运动可以改善情绪，提高自尊。在大学生心理健康教育中，培养健康的生活方式应成为重要内容。

教育和学习对心理健康也有重要影响，教育水平和终身学习能力与心理健康密切相关。教育不仅能够提供知识和技能，还能够培养批判性思维和解决问题的能力，这些都有助于维护心理健康。对于大学生来说，学习不仅是获取知识的过程，也是提升心理素质的重要途径。

经济条件是影响心理健康的另一个重要因素，经济状况可能通过影响生活质量、医疗保健获取等方面间接影响心理健康，经济压力可能导致焦虑和抑郁等心理问题。在大学生群体中，经济因素可能影响学生的学习和生活质量，进而影响其心理健康状况。

文化因素在心理健康中也扮演着重要角色，不同文化对心理健康的定义和理解可能有所不同。文化背景可能会影响个体的价值观、信仰系统和行为模式，从而影响心理健康。在多元文化的大学环境中，理解和尊重文化差异对于促进学生的心理健康具有重要意义。

此外，社会政策层面的因素也不容忽视，社会福利政策、医疗政策、教育政策等宏观层面的因素也会影响心理健康状况。这些影响因素虽然不是教育工作者可以直接改变的，但了解它们的影响有助于更全面地理解心理健康问题，并在可能的范围内采取相应的措施。

四、心理健康的评估与测量

心理健康的评估与测量是心理健康研究和实践中的重要环节。通过科学的评估方法，可以了解个体或群体的心理健康状况，为心理健康教育和干预提供依据。在大学生心理健康教育中，合理运用评估工具和方法，可以及时发现学生的心理健康问题，从而提供有针对性的帮助和支持。

心理健康评估通常涵盖多个维度，包括情绪状态、认知功能、行为表现、社会适应、生活质量等。综合考虑这些维度，可以得到个体心理健康状况的全面图景。在大学生心理健康评估中，还应特别关注与学生特定发展阶段相关的方面，如学业适应、职业规划、自我认同等。

心理健康评估需要采用多种方法，主要包括自我报告问卷、结构化访谈、行为观察和生理指标测量等。自我报告问卷是最常用的评估方法，通过让被评估者回答一系列标准化的问题来评估其心理健康状况。结构化访谈通过系统的问题询问，可以评估个体的心理健康状况，这种方法可以获得更为深入和详细的信息。行为观察则通过观察个体的行为表现来评估心理健康，这种方法在教育实践中尤为重要，因为教育工作者可以通过日常观察发现学生的心理健康问题。此外，一些生理指标，如脑电图、心率变异性等也可用于评估心理健康，但这些方法在教育实践中的应用较为有限。

心理学界已开发出多种标准化的心理健康评估工具，这些工具经过严格的心理测量学检验，具有良好的信效度。在选择和使用这些工具时，需要考虑其适用性和文化适应性。对于大学生群体，应选择专门针对这一群体开发的或经过适当调整的评估工具。

心理健康评估应遵循一定的原则。全面性原则要求考虑多个维度，不局限于单一方面。客观性原则强调尽量减少主观因素的影响，保证评估结果的客观性。动态性原则认为心理健康状况是动态变化的，应进行长期的追踪评估。文化适应性原则则要求考虑文化背景对评估结果的影响，选择适合的评估工具。在大学生心理健康评估中，还应特别注意保护学生的隐私，确保评估过程的伦理性。

心理健康评估结果的解释需要专业知识和经验，应考虑个体的背景信息、环境因素等，全面分析评估结果，避免简单化和标签化。对于大学生群体，解释评估结果时还需考虑到他们所处的特定发展阶段和教育环境。评估结果不应被用来对学生进行分类，更不能以此来歧视学生，而应作为了解学生心理状况、提供针对性帮助的依据。

在大学生心理健康教育实践中，评估不应仅仅关注问题和症状，还应注重评估学生的心理资源和潜力。积极心理学的视角是一种提醒，即关注个体的优势和积极特质同样重要。因此，在评估中应包含对学生心理韧性、积极情绪、生活满意度等积极心理特质的测量。

心理健康评估应与教育干预紧密结合，评估的目的不仅是了解学生的心理健康状况，更重要的是为制定有效的教育和干预策略提供依据。根据评估结果，教育工作者可以针对不同学生的需求，提供个别化的心理健康教育和支持。

在大学环境中，心理健康评估还可以在更广泛的层面上发挥作用。通过对整个学生群体的心理健康状况进行评估，可以了解学生心理健康的整体趋势和特点，为制定学校层面的心理健康教育政策和措施提供依据。这种群体层面的评估可以帮助学校及时发现普遍存在的心理健康问题，并采取相应的预防和干预措施。

此外，心理健康评估还可以作为评价心理健康教育效果的重要工具。通过在教育前后进行评估，可以了解教育的效果，并据此调整和改进教育策略。这种基于证据的实践方法可以不断提高心理健康教育的质量和效果。

总的来说，心理健康是一个多维度、动态发展的概念，涉及个体在认知、情感、行为和社会适应等多个方面的良好状态。心理健康不仅是没有心理疾病，更是一种积极的心理状态，使个体能够充分发挥潜能，应对生活挑战，并为社会做出贡献。心理健康受到生物、心理、社会等多种因素的影响，这些因素相互作用，共同塑造个体的心理健康状况。

第二节　大学生心理发展的特点与规律

一、大学生心理发展的阶段特征

大学生处于青年后期至成年早期的过渡阶段，这一时期的心理发展呈现独有的特点和规律。了解这一阶段的心理发展特征，对于开展有效的心理健康教育具有重要意义。

从认知发展的角度来看，大学生正处于皮亚杰认知发展理论中的形式运算阶段的后期，这一阶段的主要特征是抽象思维能力的显著提高。大学生能够进行复杂的逻辑推理，处理抽象概念，并能够从多个角度思考问题。他们开始具备元认知能力，能够对自己的思维过程进行反思和监控。这种认知能力的提升为他们处理复杂的学术任务和生活问题提供了基础。

在情感发展方面，大学生的情感体验更加丰富和复杂。他们能够体验和表达更加细腻和深刻的情感，同时也面临着情感调节的挑战，爱情、友谊等情感需求在这一阶段变得尤为突出。大学生开始追求更加亲密和稳定的人际关系，但同时也可能面临情感困惑和冲突。

从社会性发展的角度来看，大学生正处于建立自我认同的关键时期。埃里克森的心理社会发展理论指出，这一阶段的主要任务是形成稳定的自我认同感。大学生开始思考“我是谁”“我要成为什么样的人”等深层次的问题，并尝试不同的社会角色，探索自己的价值观和人生目标。这一过程可能伴随着身份困惑和角色冲突，是心理健康教育需要特别关注的方面。

在人格发展方面，大学时期是人格趋于成熟和稳定的重要阶段。大学生的自我意识不断增强，个性特征逐渐固化，开始形成相对稳定的价值观和世界观，这些都成为指导其行为和决策的内在标准。同时，大学生的独立性和自主性也在不断增强，开始渴望获得更多的自主权和决策权。

二、大学生心理发展的主要任务

大学生心理发展的主要任务反映了这一阶段个体需要完成的心理发展目标，这些任务的顺利完成对于大学生的心理健康和未来发展至关重要。

第一个任务是建立稳定的自我认同，包括形成清晰的自我概念、确立个人的价值观和人生目标。大学生需要通过自我探索和社会互动，逐步形成对自己的稳定认知，并在此基础上规划未来的人生方向。心理健康教育应该为学生提供自我探索的机会，帮助他们认识自己的优势和潜力，形成积极的自我认同。

第二个任务是发展亲密关系的能力。大学时期是建立亲密关系的重要阶段，包括友谊和恋爱关系。学生需要学习如何建立和维护深层次的人际关系，以及处理亲密关系中的矛盾和冲突。心理健康教育应该关注学生人际交往能力的培养，帮助他们建立健康的人际关系。

第三个任务是职业定向和准备。大学生需要探索自己的职业兴趣和能力，为未来的职业生涯做好准备，包括了解不同的职业选择、评估自己的职业适应性，以及进行相应的技能培养。心理健康教育应该结合职业生涯规划，帮助学生认识自己的职业倾向，做好职业准备。

第四个任务是发展独立自主的能力。大学生需要逐步从家庭依赖中脱离出来，学会独立生活和决策，包括学会管理自己的学习和生活、处理各种实际问题、承担相应的社会责任等。心理健康教育应该鼓励学生培养独立性和责任感，提高他们的生活管理能力。

第五个任务是形成成熟的价值观和世界观。大学时期是个人价值观和世界观形成的关键时期，学生需要通过学习和思考，形成自己对社会、人生的基本看法和态度。心理健康教育应该引导学生进行深入的思考和讨论，帮助他们形成积极的、健康的价值观。

三、影响大学生心理发展的主要因素

大学生的心理发展受到多种因素的影响，这些因素相互作用，共同塑造了大学生的心理特征。了解这些影响因素，有助于理解大学生的心理发展规律，有利于制定有针对性的心理健康教育策略。

第一，生理发展是影响大学生心理发展的基础性因素。虽然大学生的身体发育已基本成熟，但大脑的发育仍在继续，特别是前额叶皮质的发育对认知和情感调节能力的提升有重要影响。此外，激素水平的变化也会影响大学生的情绪和行为。心理健康教育应该帮助学生了解自身的生理变化，并学会调节和适应这些变化。

第二，家庭因素对大学生的心理发展有深远影响。家庭的教养方式、家庭关系的和谐程度、家庭的社会经济地位等都会影响大学生的心理健康。例如，民主的家庭氛围有利于培养学生的独立性和自信心，而过度保护或忽视则可能阻碍学生的心理发展。心理健康教育应该关注家庭因素的影响，必要时可以提供家庭辅导。

第三，学校环境是影响大学生心理发展的重要因素。大学的学习氛围、师生关系、同伴关系等都会对学生的心理发展产生重要影响。例如，良好的学习环境可以激发学生的学习动力，促进智力发展；和谐的人际关系有助于培养学生的社交能力和情感智力。心理健康教育应该致力于营造积极的、具有支持性的校园环境。

第四，社会文化因素对大学生的心理发展也有重要影响。社会的价值观念、文化传统、经济发展水平等都会影响大学生的思维方式和行为模式。例如，当前社会的快速变迁和信息爆炸给大学生带来了机遇，也带来了挑战和压力。心理健康教育应该帮助学生正确认识和适应社会变化，培养他们的社会适应能力。

第五，个人因素也是影响大学生心理发展的重要方面。个人因素主要包括认知能力、人格特征、兴趣爱好、生活经历等，每个学生的个体差异决定了他们在面对相同环境时可能有不同的心理反应和发展轨迹。心理健康教育应该尊重学生的个体差异，并提供个性化的指导和支持。

第六，重大生活事件可能对大学生的心理发展产生显著影响。例如，学业挫折、恋爱失败、亲人逝世等生活事件都可能成为学生心理发展的转折点。心理健康教育应该关注重大生活事件对学生的影响，及时提供必要的心理支持和危机干预。

四、大学生心理发展的主要理论基础

大学生心理发展的研究建立在多个心理学理论的基础之上，这些理论为理解大学生的心理发展提供了不同的视角和解释框架。深入了解这些理论，有助于更全面地把握大学生心理发展的特点和规律，从而为心理健康教育提供理论指导。

埃里克森的心理社会发展理论是理解大学生心理发展的重要理论基础之一。根据这一理论，大学生正处于青年期（18—25 岁），面临的主要发展任务是“亲密关系与孤独”。在这一阶段，个体需要学会与他人建立亲密关系，包括友谊和爱情关系。如果无法顺利完成这一任务，可能导致孤独感和社交隔离。埃里克森的心理社会发展理论强调了社会互动在个体发展中的重要性，为理解大学生的人际关系需求和发展提供了重要视角。

皮亚杰的认知发展理论也为理解大学生的认知特征提供了重要参考。虽然皮亚杰的认知发展理论主要关注儿童期的认知发展，但其提出的形式运算阶段的特征与大学生的认知特点高度吻合。在这一阶段，个体能够进行抽象思维，处理假设性问题，并能从多个角度思考问题。这种认知能力的提升为大学生应对复杂的学术任务和生活问题提供了基础。

科尔伯格的道德发展理论对于理解大学生的道德判断和价值观形成具有重要意义。根据这一理论，大学生可能处于常规水平的“好孩子取向”阶段或“维护社会秩序取向”阶段，也可能达到后常规水平的“社会契约取向”阶段。这意味着大学生的道德判断开始超越简单的奖惩逻辑，开始考虑社会规范和普遍原则。理解这一发展过程有助于在心理健康教育中培养学生的道德认知和价值观。

马斯洛的需求层次理论为理解大学生的动机和需求提供了重要框架。根据这一理论，个体的需求从低到高依次为生理需求、安全需求、归属与爱的需求、尊重需求和自我实现需求。大学生在满足基本生理和安全需求的基础上，通常更关注高层次的需求，如归属感、自尊和自我实现。这一理论提醒教育工作者在心理健康教育中要关注学生的多层次需求，帮助他们实现全面发展。

班杜拉的社会学习理论强调了观察学习和自我效能感在个体发展中的重要性。这一理论对于理解大学生如何通过观察和模仿获得新的行为模式，以及如何建立自信心和应对能力具有重要启示。在心理健康教育中，可以利用榜样的力量，帮助学生建立积极的行为模式和自我效能感。

此外，近年来兴起的积极心理学为大学生心理发展研究提供了新的视角。积极心理学关注个体的优势和潜能，强调培养积极情绪、积极特质和积极机构。这一理论提醒教育工作者在心理健康教育中不仅要关注问题和障碍，更要注重培养学生的心理韧性、乐观态度和幸福感。

认知行为理论也为理解和干预大学生的心理问题提供了重要工具。这一理论强调认知、情绪和行为之间的相互作用，认为通过改变不合理的认知可以影响情绪和行为。在大学生心理健康教育中，认知行为理论可以用于帮助学生识别和修正不合理的认知模式，从而改善其情绪状态和行为表现。

人本主义心理学理论，特别是罗杰斯的来访者中心疗法，为大学生心理健康教育提供了重要的理念和方法。这一理论强调个体的自我实现倾向和无条件积极关注的重要性。在心理健康教育中，教育工作者应该创造一个支持性的环境，尊重学生的主观体验，从而促进其自我成长和自我实现。

发展系统理论为理解大学生心理发展提供了一个整合的视角。这一理论强调个体发展是一个多层次、多因素相互作用的动态过程。发展系统理论提醒教育工作者在研究和干预大学生心理发展时，需要考虑个体、家庭、学校、社会等多个系统的相互影响。

总之，在心理健康教育工作中，需要综合运用上述理论，根据具体情况选择适当的理论指导，以更好地促进大学生的心理健康发展。

五、大学生心理发展的重要领域

大学生的心理发展涉及多个重要领域，每个领域都有其特定的发展任务和挑战。全面了解这些发展领域，有助于更好地把握大学生心理发展的整体面貌，从而为心理健康教育提供更有针对性的指导。

认知发展是大学生心理发展的核心领域之一。大学时期，学生的抽象思维能力、逻辑推理能力、批判性思维能力都得到显著提升，能够处理更复杂的概念和理论，并进行多角度的分析和评价。同时，元认知能力的发展使学生能够更好地监控和调节自己的认知过程。在心理健康教育中，教育工作者应该鼓励学生积极思考，培养他们的批判性思维和创造性思维能力。

情感发展是大学生心理发展的另一个重要领域。大学生的情感体验更加丰富和复杂，他们能够体验和表达更加细腻的情感。同时，大学生的情感调节能力也在不断发展。但是，大学生也可能面临情感困惑和冲突，如恋爱中的矛盾、学业压力带来的焦虑等。在心理健康教育中，教育工作者应该帮助学生认识和接纳自己的情感，学会有效的情绪管理策略。

社会性发展是大学生心理发展的重要方面。大学时期，学生需要建立更广泛的社交网络，学会在不同的社会环境中扮演不同的角色，需要处理与同学、朋友、恋人、教师等不同群体的关系。同时，社会认知能力的发展使学生能够更好地理解他人的想法和感受。在心理健康教育中，教育工作者应该关注学生的社交技能培养，帮助他们建立健康的人际关系。

自我概念和自我认同的发展是大学生心理发展的核心任务。大学生需要通过自我探索和社会互动，形成稳定的自我认同，包括对自己的能力、兴趣、价值观的认识，以及对未来职业和人生方向的规划。在心理健康教育中，教育工作者应该为学生提供自我探索的机会，帮助他们认识自己，并建立积极的自我概念。

道德发展和价值观形成也是大学生心理发展的重要领域。大学时期，学生的道德推理能力不断提高，开始形成自己的价值体系，他们不再简单地接受权威的观点，而是开始独立思考道德和伦理问题。在心理健康教育中，教育工作者应该引导学生进行深入的道德思考，帮助他们形成积极的、健康的价值观。

职业发展是大学生心理发展面临的另一个重要任务。大学生需要探索自己的职业兴趣和能力，了解不同的职业选择，为未来的职业生涯做好准备，这个过程中可能伴随着焦虑和不确定性。在心理健康教育中，教育工作者应该结合职业生涯规划，帮助学生认识自己的职业倾向，做好职业准备。

独立性和自主性的发展也是大学生心理发展的重要任务。大学生需要学会独立自主，管理好自己的学习和生活，做出重要的人生决策，这个过程中可能伴随着与父母的冲突和个人的焦虑。在心理健康教育中，教育工作者应该鼓励学生培养独立性和责任感，同时还要帮助他们处理与家庭的关系。

性心理和性行为的发展是大学生心理发展面临的另一个重要领域。大学期间，学生需要建立健康的性态度，学会处理性冲动，实施负责任的性行为。在心理健康教育中，教育工作者应该提供科学的、全面的性教育，帮助学生建立健康的性心理。

创造力的发展也是大学生心理发展的重要方面。大学时期，学生的创造性思维能力得到显著提升，他们能够提出新颖的想法，解决复杂的问题。在心理健康教育中，教育工作者应该鼓励学生的创造性表达，培养他们的创新精神。

最后，心理健康和适应能力的发展是贯穿大学生活的心理发展的重要任务。大学生需要学会应对各种压力和挑战，维护自己的心理健康。在心理健康教育中，教育工作者应该帮助学生建立积极的心理品质，如乐观、韧性、自我效能感等，提高他们的心理适应能力。

上述发展领域相互关联，共同构成了大学生心理发展的整体图景。在心理健康教育中，教育工作者需要全面关注上述发展领域，帮助学生在各个方面实现平衡和健康的发展。同时，教育工作者还要认识到每个学生的发展轨迹可能不同，需要根据个体差异提供个性化的指导和支持。

总的来说，大学生心理发展的特点与规律反映了这一群体所处的特殊发展阶段。他们正处于从青少年向成年人过渡的关键时期，面临着认知、情感、社会性等多方面的发展任务。理解大学生心理发展的特点和规律，对于开展有效的大学生心理健康教育至关重要。

第三节　心理健康教育的理论模型

一、心理健康教育的基本理论模型

心理健康教育的理论模型为大学生心理健康教育实践提供了重要的理论指导。这些模型从不同的角度阐释了心理健康教育的本质、目标和实施策略，为教育工作者提供了系统的思考框架。

生物-心理-社会模型是理解和促进心理健康的一个基础性理论框架，这个模型强调心理健康是生物、心理和社会因素相互作用的结果。在大学生心理健康教育中，这个模型提醒教育工作者需要全面考虑学生的生理状况、心理特征和社会环境。例如，在处理学生的焦虑问题时，不仅要关注其心理状态，还要考虑可能的生理因素（如睡眠质量）和社会因素（如学业压力）。这个模型强调了心理健康教育的综合性和多维度性。

预防模型是另一个广泛应用于心理健康教育的理论框架，这个模型将心理健康教育分为3个层次，即初级预防、二级预防和三级预防。初级预防旨在提高所有学生的心理素质，预防心理问题的发生；二级预防针对高风险群体，及早发现和干预潜在的心理问题；三级预防则是对已经出现心理障碍的学生进行治疗和康复。这个模型强调了心理健康教育的预防性和全面性，要求教育工作者不仅关注问题学生，还要面向全体学生开展心理健康促进活动。

发展模型是心理健康教育的另一个重要理论框架，这个模型将心理健康视为一个动态发展的过程，强调在不同的发展阶段培养相应的心理素质和能力。对于大学生而言，发展模型关注的是如何帮助学生完成这一阶段的心理发展任务，如自我认同的建立、亲密关系的发展、职业定向等。这个模型提醒教育工作者要根据学生的发展特点和需求，制定有针对性的教育策略。

生态系统模型为理解和促进大学生心理健康提供了一个整合的视角，

这个模型强调个体与环境的互动，认为大学生的心理健康受到多层次系统的影响，包括微系统（如家庭、同伴群体）、中系统（如学校、社区）、外系统（如父母的工作环境）和宏系统（如文化价值观）。在心理健康教育中，这个模型要求教育工作者关注学生所处的各个系统，并通过改善这些系统来促进学生的心理健康。

积极心理学模型为大学生心理健康教育提供了一个新的视角，这个模型强调关注和培养个体的积极品质和优势，而不仅仅是关注问题和缺陷。在心理健康教育中，这个模型鼓励教育工作者帮助学生发现和发展自己的优势，培养积极情绪和品格强项，提高心理韧性和幸福感。这个模型为心理健康教育注入了积极和乐观的元素。

认知行为模型在心理健康教育中也发挥着重要作用，这个模型强调认知、情绪和行为之间的相互影响，认为通过改变不合理的认知可以影响情绪和行为。在心理健康教育中，这个模型可以用于帮助学生识别和修正消极的思维模式，学习有效的问题解决策略和情绪管理技巧。

社会学习模型强调通过观察和模仿来学习新的行为和态度。在心理健康教育中，这个模型强调榜样的作用和环境的影响，教育工作者可以通过提供积极的榜样、创造支持性的环境来促进学生健康行为和态度的形成。

人本主义模型强调个体的自我实现倾向和无条件积极关注的重要性。在心理健康教育中，这个模型要求教育工作者尊重学生的主观体验，创造一个支持性的环境，从而促进学生的自我探索和成长。

上述理论模型并非相互排斥，而是相互补充，共同构成了心理健康教育的理论基础。在心理健康教育实践中，往往需要综合运用多个模型，根据具体情况选择适当的理论指导。

二、心理健康教育理论模型的应用

心理健康教育理论模型的应用需要结合大学生的特点和需求，以及高等教育的具体环境。下面将探讨这些模型在大学生心理健康教育中的具体应用。

生物-心理-社会模型在大学生心理健康教育中的应用体现在全面性和整体性方面。基于这个模型，心理健康教育不仅关注学生的心理状态，还要考虑其生理健康和社会适应。例如，在处理学生的学业困难时，不仅要关注其学习态度和方法（心理因素），还要考虑是否存在身体不适（生物因素）或家庭问题（社会因素）。具体的应用策略包括开展体育活动促进身心健康、提供心理咨询服务、组织社交活动改善人际关系等。

预防模型在大学生心理健康教育中的应用主要体现在 3 个层次。初级预防涉及面向全体学生的心理健康教育课程，如开设心理健康必修课，普及心理健康知识；二级预防包括针对高风险群体的干预措施，如为学业困难的学生提供学习辅导，为家庭经济困难的学生提供心理支持；三级预防则是对已经出现心理障碍的学生进行专业的心理治疗和康复训练。这个模型强调了心理健康教育的全面性和针对性。

发展模型在大学生心理健康教育中的应用主要体现在针对性上。基于这个模型，心理健康教育的内容和方法应该根据大学生的发展特点和任务来设计。例如，对于大学一年级新生，可以重点关注其适应性问题，帮助他们适应大学生活；对于高年级学生，则可以更多地关注职业规划和人生目标的确立。具体的应用策略包括开展新生适应性教育、提供职业生涯规划指导、组织自我认识和成长小组等。

生态系统模型在大学生心理健康教育中的应用体现在全面性和系统性上。这个模型要求教育工作者不仅关注学生个体，还要关注影响学生的各个系统。具体的应用策略包括：改善校园环境，创造良好的学习和生活氛围；加强与家长的沟通，增加家庭对学生的支持；开展社区服务活动，增强学生的社会责任感等。

积极心理学模型在大学生心理健康教育中的应用主要体现在培养学生的积极品质和优势上。具体的应用策略包括：开展优势探索活动，帮助学生发现自己的长处；组织幸福体验活动，提高学生的主观幸福感；培养学生的感恩意识和乐观态度等。

认知行为模型在大学生心理健康教育中的应用主要体现在帮助学生改变不合理认知和学习有效的问题解决策略上。具体的应用策略包括：开展认知重构训练，帮助学生识别和修正消极思维；教授问题解决技巧，提高学生的应对能力；进行情绪管理培训，帮助学生有效调节情绪等。

社会学习模型在大学生心理健康教育中的应用主要体现在榜样作用和

环境影响上。具体的应用策略包括：邀请成功校友分享经验，树立积极榜样；组织朋辈辅导活动，发挥同伴影响；创造支持性的校园环境，促进健康行为的形成等。

人本主义模型在大学生心理健康教育中的应用主要体现在尊重学生的主观体验和促进学生的自我实现上。具体的应用策略包括：提供个性化的心理咨询服务，尊重学生的独特性；创造自由、开放的讨论环境，鼓励学生表达真实想法；开展自我探索活动，促进学生的自我了解和成长等。

上述理论模型的应用并非孤立进行，而是需要根据具体情况进行整合和调适。在心理健康教育实践中，往往需要灵活运用多个模型，以应对复杂的教育情境和学生需求。

三、心理健康教育理论模型的整合与创新

随着心理健康教育实践的深入，单一的理论模型往往难以满足复杂的教育需求。因此，理论模型的整合与创新成为心理健康教育研究和实践的重要方向。

整合模型是将多个理论模型的优势结合起来，形成更加全面和有效的教育框架。例如，可以将生物-心理-社会模型与预防模型结合，形成一个多维度、多层次的心理健康教育框架。这个整合模型不仅关注生物、心理、社会等 3 个维度，还在每个维度上实施初级、二级和三级预防。这种整合可以使心理健康教育更加全面和有针对性。

另一种整合是将发展模型与生态系统模型结合。这种整合强调在不同的发展阶段和不同的生态系统层面实施心理健康教育。例如，对于大学一年级新生，可以重点关注其适应性问题，并在微系统（如宿舍环境）和中系统（如学校环境）层面提供支持；对于即将毕业的学生，则可以更多地关注职业规划，并在外系统（如就业市场）和宏系统（如社会价值观）层面提供指导。

积极心理学模型与认知行为模型的整合也是一个颇具前景的方向。这种整合不仅关注问题的解决，还强调积极品质的培养。例如，在处理学生的学业困难时，不仅帮助他们改变消极的学习态度（认知行为模型），还要帮助他们发现和发展自己的学习优势（积极心理学模型）。

理论模型的创新是心理健康教育发展的另一个重要方向。随着社会的发展和学生需求的变化，需要不断创新理论模型以适应新的情况。例如，面对互联网时代的挑战，可以提出网络心理健康教育模型，关注学生在网络环境中的心理健康问题，如网络成瘾、网络人际关系等。

另一个创新方向是文化敏感性心理健康教育模型。随着高等教育国际化的发展，越来越多的留学生进入大学校园。这个模型强调在心理健康教育中考虑文化差异，尊重不同文化背景学生的需求和特点。

生涯发展导向的心理健康教育模型是另一个值得探索的方向。这个模型将心理健康教育与职业生涯发展紧密结合，强调培养学生的职业心理素质，如职业兴趣、职业价值观、职业决策能力等。

智慧教育导向的心理健康教育模型是适应信息技术发展的一个创新方向。这个模型强调利用大数据、人工智能等技术手段，实现心理健康教育的个性化和精准化。例如，通过分析学生的在线学习行为，及早发现可能存在的心理问题。

理论模型的整合与创新不是简单的拼凑或改变，而是需要建立在深入理解各个模型和教育实践的基础上。这个过程需要理论研究者和教育实践者的共同努力，通过不断的实践、反思和改进，形成更加有效的心理健康教育理论框架。

四、心理健康教育理论模型的局限性和发展方向

尽管心理健康教育理论模型为教育实践提供了重要指导，但这些模型也存在一定的局限性，需要在未来的研究和实践中不断完善和发展。

第一，多数理论模型都是基于西方文化背景发展起来的，在跨文化应用时可能存在局限性。例如，个人主义文化背景下发展起来的理论模型可能难以完全适应集体主义文化背景下的学生。因此，在应用这些模型时需要考虑文化因素的影响，并根据本土文化特点进行适当的调整和发展。

第二，现有的理论模型多数关注普遍性问题，对特殊群体的针对性不足。例如，对于残疾学生、少数民族学生、留学生等特殊群体，现有的理论模型可能难以完全满足其特殊需求。因此，未来的研究需要更多地关注这些特殊群体，开发更有针对性的理论模型和干预策略。

第三，多数理论模型倾向于将心理健康教育视为一个相对独立的领域，与其他教育领域的联系不够紧密。事实上，心理健康教育应该与学科教育、职业教育、创新教育等其他教育领域密切结合。因此，未来的理论模型应该更多地考虑心理健康教育与其他教育领域的整合。

第四，现有的理论模型大多是静态的，难以充分反映心理健康的动态发展过程。心理健康是一个动态变化的过程，受到多种因素的影响。因此，未来的理论模型需要更好地反映这种动态性，充分考虑时间因素和环境变化的影响。

第五，多数理论模型主要关注个体层面的心理健康，对群体和组织层面的心理健康关注不足。然而，大学生的心理健康不仅是个体问题，也与群体氛围和组织文化密切相关。因此，未来的研究需要更多地关注群体动力和组织因素对心理健康的影响。

第六，现有的理论模型对新技术的应用不足。随着信息技术的快速发展，大数据、人工智能、虚拟现实等新技术为心理健康教育提供了新的可能性。因此，未来的理论模型需要更多地考虑如何利用这些新技术提高心理健康教育的效果。

总之，心理健康教育理论模型的发展是一个持续的过程，需要理论研究者和教育实践者共同努力。通过不断的实践、反思和创新，心理健康教育理论模型将更加完善，从而为大学生心理健康教育提供更加有力的理论指导，同时也将促进心理学、教育学等相关学科的发展，为促进人类的心理健康做出贡献。

第四节　辅导员在大学生心理健康教育中的角色定位

一、辅导员在大学生心理健康教育中的重要性

辅导员作为高等教育工作者中与学生接触最为密切的群体，在大学生

心理健康教育中扮演着至关重要的角色，辅导员的角色定位直接影响着心理健康教育的效果和质量。从教育学的角度来看，辅导员在大学生心理健康教育中的重要性主要体现在以下几个方面。

第一，辅导员是大学生心理健康状况的第一线观察者。由于日常工作中与学生的频繁接触，辅导员能够及时发现学生的心理状态变化和潜在问题。这种持续的观察和了解，使辅导员成为早期识别和干预学生心理问题的关键力量。从教育心理学的角度来看，这种及时的观察和识别对于预防性心理健康教育具有重要意义。

第二，辅导员是心理健康教育的重要实施者。作为学生工作的主要负责人，辅导员承担着开展心理健康教育活动、传播心理健康知识的重要任务。通过组织各种形式的心理健康教育活动，辅导员能够有效提升学生的心理素质和自我管理能力。这种教育实践符合现代教育理论中强调的实践性和体验性学习原则。

第三，辅导员是学生心理支持系统的重要组成部分。在学生面临学业压力、人际困扰、情感问题等困难时，辅导员往往是学生首先寻求帮助的对象。辅导员的倾听、理解和支持，对于帮助学生度过困难时期具有重要作用。这种支持功能与社会支持理论相一致，强调了社会支持对心理健康的积极影响。

第四，辅导员是连接学生与专业心理健康服务的桥梁。对于超出自身处理能力范围的心理问题，辅导员应该及时将学生转介给专业的心理咨询机构或心理医生，确保学生得到适当的专业帮助。这种桥梁作用体现了心理健康教育的系统性和专业性原则。

第五，辅导员在营造良好心理环境方面发挥着关键作用。通过引导班级文化建设、组织集体活动、协调人际关系等，辅导员能够创造有利于学生心理健康发展的环境氛围。这种环境营造符合生态系统理论的观点，强调了环境因素对个体发展的重要影响。

从教育学的角度来看，辅导员在大学生心理健康教育中的重要性还体现在对学生全面发展的促进作用。心理健康是学生全面发展的重要组成部分，辅导员通过开展心理健康教育工作，不仅促进了学生的心理健康，也为学生的学业发展、职业规划、人格成长等方面提供了支持，这种全面发展的教育理念符合现代教育的基本目标。

二、辅导员在心理健康教育中的多重角色

基于辅导员在大学生心理健康教育中的重要性，可以将辅导员的角色定位概括为以下几个方面。

第一，心理健康教育者。辅导员需要具备基本的心理学知识和教育技能，能够系统地向学生传授心理健康知识，开展心理健康教育活动。这就要求辅导员不断学习和更新心理健康知识，掌握有效的教育方法。从教育学的角度来看，这一角色强调了教育工作者的专业性和持续学习的重要性。

第二，心理问题筛查者。辅导员应具备基本的心理问题识别能力，能够通过日常观察和交流，及时发现学生可能存在的心理问题。这就需要辅导员熟悉常见心理问题的表现，具备敏锐的观察力和判断力。这一角色体现了预防性教育的理念，符合现代教育心理学的观点。

第三，初步心理辅导者。对于一些轻微的心理问题，辅导员应能提供初步的心理辅导，这就要求辅导员具备倾听、同理心表达、情绪支持等基本辅导技能。同时，辅导员应该清楚认识到自身能力的限度，不要逾越专业界限。这一角色强调了辅导员在心理健康教育中的直接干预功能，同时也体现了专业分工的原则。

第四，危机干预者。在学生出现心理危机时，辅导员往往是第一反应人。因此，辅导员需要掌握基本的危机干预技能，能够在紧急情况下采取适当的措施，保障学生安全。这一角色体现了心理健康教育的应急功能，是保障学生安全的重要环节。

第五，资源整合者。辅导员应该熟悉校内外的心理健康资源，包括校内的心理咨询中心、校外的心理诊所、社区心理服务机构等，并能够根据学生的需求，合理调配和利用这些资源。这一角色体现了现代教育管理理论中资源整合和优化配置的思想。

第六，心理健康文化引导者。辅导员应该积极倡导积极健康的心理文化，通过各种方式引导学生形成正确的心理健康观念，营造关注心理健康的氛围。这一角色强调了文化育人的理念，体现了隐性课程的教育功能。

第七，心理健康研究者。辅导员应该对学生的心理健康状况进行持续

的观察和研究，总结经验，不断改进工作方法。这就要求辅导员具备一定的研究能力和创新精神。这一角色体现了教育科研与教育实践相结合的原则，强调了反思性实践的重要性。

第八，家校沟通的桥梁。在必要时，辅导员需要与学生家长进行沟通，共同关注和促进学生的心理健康发展。这就要求辅导员具备良好的沟通能力和协调能力。这一角色体现了家校合作的教育理念，强调了教育环境的系统性和整体性。

上述的多重角色定位反映了辅导员工作的复杂性和专业性。从教育学的角度来看，这种多重角色的设定符合现代教育理论中对教育工作者角色的多元化要求。不仅强调了辅导员在知识传授、问题解决等方面的直接作用，也突出了其在环境营造、资源整合、文化引导等方面的间接作用。这种全方位的角色定位有利于实现心理健康教育的整体目标。

三、辅导员开展心理健康教育的基本原则

为了能够胜任心理健康教育中的多重角色，辅导员应该遵循一系列基本原则。这些原则不仅体现了心理健康教育的特殊性，也反映了现代教育理论的基本观点。

第一，全面性原则是辅导员开展心理健康教育的基础。这一原则要求心理健康教育应该面向全体学生，而不仅仅是关注问题学生。辅导员应该采取多种形式，确保每个学生都能受益于心理健康教育。全面性原则体现了现代教育理论中的平等教育思想，强调每个学生都有接受心理健康教育的权利。同时，这一原则也反映了心理健康教育的普及性特征，符合预防性心理学的理念。

第二，预防为主原则是辅导员开展心理健康教育的工作重点。这一原则强调辅导员的工作重心应该放在预防性教育上，通过提高学生的心理素质和应对能力，预防心理问题的发生。预防为主原则体现了现代教育理论的核心思想，强调从源头上预防问题的发生，而不是被动地应对已经出现的问题。这一原则要求辅导员具有前瞻性思维，能够预见可能出现的心理问题，并采取相应的预防措施。

第三，发展性原则是辅导员开展心理健康教育的指导思想。这一原则

强调心理健康教育应该注重学生的全面发展和潜能开发，而不仅仅是解决问题。辅导员应该帮助学生认识自我、发展自我，实现个人成长。发展性原则与现代教育理论中的全面发展观相一致，强调教育应该促进学生在认知、情感、行为等多个方面的协调发展。这一原则要求辅导员在工作中关注学生的长远发展，而不仅仅是眼前发生的问题。

第四，个别化原则是辅导员开展心理健康教育的方法论指导。这一原则认识到每个学生的心理特点和需求都是独特的，辅导员应该根据学生的个体差异，采取个别化的教育策略。个别化原则体现了现代教育理论中的因材施教思想，强调教育应该适应学生的个体特点。这一原则要求辅导员具备敏锐的观察力和灵活的工作方法，能够识别学生的个体差异，并据此制定适当的教育策略。

第五，保密性原则是辅导员开展心理健康教育的伦理要求。在心理健康工作中，辅导员必须严格遵守保密原则，尊重学生的隐私权。只有在学生可能对自己或他人造成伤害的情况下，才可以在必要的范围内打破保密性原则。保密性原则体现了教育伦理学的基本要求，强调尊重和保护学生的权益。这一原则要求辅导员具有高度的职业道德意识，能够在工作中恪守职业操守。

第六，专业性原则是辅导员开展心理健康教育的质量保证。虽然辅导员不是专业的心理咨询师，但在开展心理健康教育时仍需要保持一定的专业性。这就要求辅导员不断学习，努力提升自身的心理学知识和技能。专业性原则体现了现代教育理论中对教育工作者专业发展的要求，强调教育工作者应该具备与工作相适应的专业知识和技能。这一原则要求辅导员具有终身学习的意识，能够不断更新知识，提高技能。

第七，合作性原则是辅导员开展心理健康教育的工作方法。心理健康教育是一项系统工作，需要多方合作。辅导员应该与心理咨询中心、医疗机构、学生家长等多方面保持良好的合作关系。合作性原则体现了现代教育管理理论中的团队协作思想，强调通过多方合作来提升教育效果。这一原则要求辅导员具有良好的沟通能力和团队协作精神，能够有效整合各方资源。

第八，积极心理学原则是辅导员开展心理健康教育的理论指导。这一原则强调辅导员应该注重培养学生的积极心理品质，如乐观、韧性、感恩等，而不仅仅是关注问题和缺陷。积极心理学原则体现了现代心理学研究的新趋势，强调关注人的积极潜能和优势特质。这一原则要求辅导员在工作中采取积极的视角，注重发掘和培养学生的积极品质。

上述原则并非各自独立，而是相互关联、相互补充的。在实际工作中，辅导员需要综合考虑这些原则，根据具体情况灵活应用。同时，这些原则也不是固定不变的，随着心理健康教育理论和实践的发展，可能随时会有新的原则被提出和采纳。因此，辅导员需要保持开放的学习态度，不断更新和完善自己的工作原则。

四、辅导员开展心理健康教育的主要方法

基于上述角色定位和工作原则，辅导员可以采用多种方法开展心理健康教育。这些方法应该符合教育学和心理学的基本理论，同时也要适应当代大学生的特点和需求。

第一，心理健康知识普及是辅导员开展心理健康教育的基础方法。通过讲座、班会、宣传栏等多种形式，向学生传播心理健康知识，提高学生的心理健康意识。这种方法符合认知学习理论，强调知识传授在行为改变中的重要作用。辅导员在运用这一方法时，应注重知识的实用性和趣味性，使学生能够将所学知识应用到实际生活中。

第二，个别谈心是辅导员开展心理健康教育的重要手段。辅导员应该定期与学生进行一对一的谈心，了解学生的心理状况，提供必要的指导和支持。这种方法体现了个别化教育的原则，能够针对学生的个体需求提供精准的帮助。在运用这一方法时，辅导员需要注意创造轻松、信任的谈话氛围，运用积极倾听、同理心等技巧，以提升谈心的效果。

第三，团体辅导是辅导员开展心理健康教育的有效方法。辅导员可以组织小组活动，如自我认知小组、人际关系小组等，帮助学生在团体中学习和成长。这种方法利用了群体动力学原理，通过成员间的相互影响和支持，促进个体的心理健康。在运用这一方法时，辅导员需要具备一定的团体辅导技能，能够有效引导活动过程，促进成员间的互动和学习。

第四，心理健康主题活动是辅导员开展心理健康教育的创新方法。辅

导员可以策划和组织各种心理健康主题活动，如心理电影周、心理运动会等，以生动有趣的形式促进学生的心理健康。这种方法符合体验学习理论，强调通过直接经验来促进学习和成长。在设计和实施这些活动时，辅导员应注重活动的教育性和趣味性的结合，以提高学生的参与度和收获感。

第五，心理问题筛查是辅导员开展心理健康教育的预防性方法。辅导员可以定期开展心理健康测评，及时发现可能存在心理问题的学生。这种方法体现了预防为主的原则，有助于早期发现和干预心理问题。在运用这一方法时，辅导员需要选择科学、有效的测评工具，并对测评结果进行专业的解读和处理。

第六，危机干预是辅导员开展心理健康教育的应急方法。对出现严重心理问题或危机的学生，辅导员需要及时进行干预，必要时应寻求专业帮助。这种方法体现了心理健康教育的保护功能，是保护学生安全的重要手段。在运用这一方法时，辅导员需要掌握基本的危机干预技能，同时也要明确自身能力的界限，适时寻求专业支持。

第二章　大学生心理健康教育的目标与内容

第一节　大学生心理健康教育的目标体系

一、大学生心理健康教育目标的概念与特征

大学生心理健康教育目标是指在高等教育阶段，通过有计划、有组织的教育活动，期望学生在心理健康方面达到的理想状态和预期效果。心理健康教育目标体系不仅包括学生应该掌握的心理健康知识和技能，还包括应该形成的心理素质和能力。

大学生心理健康教育目标具有以下几个主要特征。

1．全面性。心理健康教育目标涵盖了认知、情感、行为等多个方面，旨在促进学生的全面发展。心理健康教育不仅关注学生的智力发展，还重视情感调节、人际交往、自我管理等多个方面能力的培养。

2．发展性。心理健康教育目标体系考虑到了大学生心理发展的特点和规律，强调随着学生年级的提高和经验的积累，心理健康教育的重点和难度也应随之调整和提升。例如，低年级可能更注重基本适应能力的培养，而高年级则可能更关注职业规划和人生目标的确立。

3．个性化。尽管有共同的目标框架，但心理健康教育目标也应该考虑到学生的个体差异，允许并鼓励学生根据自己的特点和需求设定个性化的发展目标。

4．实践性。心理健康教育目标不仅停留在知识层面，更强调学生能够

将所学知识和技能应用到实际生活中，解决实际问题。

5. 长期性。心理健康教育目标不是一蹴而就的，而是需要长期努力才能实现，强调在大学阶段为学生未来的终身发展奠定基础。

上述特征决定了大学生心理健康教育目标的制定和实施是一个复杂而系统的工程，需要教育工作者深入了解学生的心理特点和发展需求，并结合社会发展的要求，制定科学合理的目标体系。

二、大学生心理健康教育目标的层次结构

大学生心理健康教育目标可以分为总体目标和具体目标两个层次。总体目标是指心理健康教育在整个大学阶段希望达到的总体效果，概括了心理健康教育的根本方向和最终追求。具体目标则是总体目标的细化和具体化，指明了在不同方面、不同阶段应该达到的具体要求。总体目标通常表述为培养心理健康、人格健全、适应能力强、具有良好心理素质的高素质人才，这体现了心理健康教育对学生全面发展的追求，强调了心理健康与人才培养的密切关系。具体目标可以从以下几个方面展开。

1. 心理健康知识目标。学生应该掌握基本的心理学知识和心理健康知识，了解自身心理发展的特点和规律，能够识别常见的心理问题和心理障碍。

2. 自我认知目标。学生能够客观、全面地认识自己，包括了解自己的性格特点、能力倾向、价值观等，形成积极的自我概念和健康的自尊水平。

3. 情绪管理目标。学生能够准确识别和表达自己的情绪，掌握有效的情绪调节方法，能够在压力和挫折面前保持情绪稳定。

4. 人际交往目标。学生能够建立和维护良好的人际关系，具备有效的沟通技能，能够处理各种人际冲突。

5. 学习能力目标。学生能够掌握科学的学习方法，具有良好的学习动机和习惯，能够有效地规划和管理自己的学习。

6. 生涯规划目标。学生能够明确自己的职业兴趣和价值观，制定合理的职业生涯规划，并具备必要的求职技能。

7. 压力管理目标。学生能够识别压力来源，掌握有效的压力管理技巧，提高心理韧性和挫折承受能力。

8. 创新能力目标。学生具有开放、灵活的思维方式，能够打破常规思维，具有一定的创新意识和创新能力。

9. 道德发展目标。学生具有良好的道德判断能力，能够在复杂情境中做出符合道德标准的决策。

10. 文化适应目标。学生能够理解和尊重不同的文化，具有跨文化交流的能力，能够适应多元文化环境。

上述具体目标不是各自独立的，而是相互关联、相互促进的。例如，良好的自我认知有助于情绪管理和人际交往，而有效的压力管理则可以促进学习能力的提升。在教学实践中，这些具体目标应该被有机地整合起来，形成一个整体性的目标体系，并且这个目标体系还应该考虑到学生在不同年级阶段的特点和需求。

三、大学生心理健康教育目标的制定原则

在制定大学生心理健康教育目标时需要遵循以下几个重要原则。

1. 科学性原则。大学生心理健康教育目标的制定应该建立在心理学、教育学等相关学科的理论基础之上，符合大学生心理发展的特点和规律。这就要求教育工作者深入研究大学生心理健康的理论和实践，掌握最新的研究成果和教育方法。例如，可以基于埃里克森的心理社会发展理论，关注大学生自我同一性的建立；基于认知行为理论，强调认知重构和行为训练在心理健康教育中的作用。

2. 全面性原则。大学生心理健康教育目标应该涵盖心理健康的各个方面，包括认知、情感、行为等多个维度，以促进学生的全面发展。这就意味着不能只关注某一个方面，而忽视其他方面。例如，不能只强调心理健康知识的掌握，而忽视实际应用能力的培养；不能只关注学习能力的提升，而忽视情感管理和人际交往能力的发展。

3. 发展性原则。大学生心理健康教育目标的制定应该考虑学生在不同年级、不同阶段的心理特点和发展需求，体现由浅入深、由易到难的递进过程。这就要求辅导员建立一个动态的、可持续发展的目标体系。例如，可以将大学四年划分为适应期、发展期、定向期和准备期，针对每个阶段制定相应的心理健康教育目标。

4. 实践性原则。大学生心理健康教育目标应该强调知识与实践的结合，注重学生实际应用能力的培养。这就意味着教育工作者不能只停留在知识传授的层面，而应该创造各种机会让学生将所学知识和技能应用到实际生活中。例如，可以开展情景模拟、角色扮演、社会实践等活动，让学生在实践中锻炼和提升自己的心理健康能力。

5. 个性化原则。在制定大学生心理健康教育总体目标时应该考虑学生的个体差异，允许和鼓励学生根据自己的特点和需求设定个性化的发展目标。这就要求教育工作者在教育过程中为学生提供足够的选择空间和个性化指导。例如，可以让学生在目标框架下制订个人的心理健康发展计划，并提供相应的支持和指导。

6. 社会性原则。大学生心理健康教育目标的制定应该考虑社会发展的需求和要求，培养能够适应社会发展的心理健康人才。这就意味着教育工作者和相关研究员人需要密切关注社会发展趋势，及时调整和更新教育目标。例如，在信息化时代，可以增加网络心理健康、网络人际交往等相关目标；在全球化背景下，可以强化跨文化适应能力的培养。

7. 可操作性原则。大学生心理健康教育目标应该具体、明确、可测量，便于在实际教育过程中实施和评估。这就要求教育工作者在制定目标时要尽量具体化、量化，避免过于抽象或笼统的表述。例如，不应该笼统地说“提高学生的情绪管理能力”，而应该具体到“学生能够识别至少 5 种基本情绪，并掌握至少 3 种有效的情绪调节方法”。

8. 长期性原则。大学生心理健康教育目标的制定应该着眼于学生的长远发展，不仅要关注学生在校期间的心理健康状况，还要为学生的终身发展奠定基础。这就意味着教育工作者需要培养学生的自主学习能力和自我管理能力，使他们在离开学校后仍能继续关注和维护自己的心理健康。

9. 文化适应性原则。大学生心理健康教育目标的制定应该考虑我国的文化背景和教育传统，在借鉴国外先进经验的同时，注重本土化和创新。这就要求教育工作者在制定目标时要充分考虑我国学生的特点和需求，结合我国的文化传统和价值观念。例如，可以将传统文化中的心理健康智慧，如中庸之道、天人合一等理念，融入心理健康教育目标中。

遵循上述原则可以制定出科学、全面、可行的大学生心理健康教育目标体系。这个目标体系不仅能够指导实际的教育工作，促进学生的全面发展，还能够为培养心理健康的高素质人才提供明确的方向。

四、大学生心理健康教育目标的实现路径

想要实现大学生心理健康教育目标，需要采取多种途径和方法，形成一个系统的、全面的实现路径，以下是几个主要的实现路径。

1. 课程教育路径。这是实现大学生心理健康教育目标的基础途径，通过开设心理健康必修课和选修课，系统地传授心理健康知识，培养学生的心理健康意识和能力。课程内容应该涵盖自我认知、情绪管理、人际交往、学习方法、压力管理、生涯规划等多个方面。在教学方法上，应该注重理论与实践的结合，采用案例分析、角色扮演、小组讨论等互动性强的教学方法，提升学生的参与度和学习效果。例如，可以在低年级开设大学生心理健康与发展必修课，为学生奠定心理健康的基础；在高年级开设专题性选修课，如职业生涯规划与心理健康、恋爱心理学等，满足学生的个性化需求。

2. 咨询辅导路径。通过提供个别咨询和团体辅导服务，帮助学生解决实际的心理问题，提高心理健康水平。个别咨询可以针对学生的个性化需求提供一对一的专业帮助，而团体辅导则可以通过小组互动的方式，帮助学生提高自我认知、人际交往等能力。在实施过程中，应该建立完善的咨询制度，配备专业的咨询人员，创造良好的咨询环境。例如，可以设立心理咨询中心，提供预约咨询服务；定期组织主题性的团体辅导活动，如自我认知与成长、情绪管理技巧等主题的小组活动。

3. 活动体验路径。通过组织各种形式的心理健康主题活动，让学生在参与和体验中提高心理健康意识，锻炼心理健康能力，这些活动可以包括心理健康宣传周、心理电影展、心理剧比赛、心理健康知识竞赛等。活动的设计应该注重趣味性和参与性的结合，吸引学生主动参与。例如，可以举办心理健康嘉年华活动，设置各种有趣的心理游戏和体验项目；组织心理情景剧大赛，让学生通过编排和表演心理剧来深入理解心理健康知识。

4. 网络平台路径。利用互联网技术，建立在线心理健康教育平台，提供网上心理咨询、心理测评、心理健康知识推送等服务。这种方式能够突

破时间和空间的限制，为学生提供便捷的心理健康服务，但要注意网络平台的隐私保护和信息安全。例如，可以开发心理健康应用程序，提供日常心理健康管理工具；建立网上心理咨询平台，为学生提供匿名咨询服务；利用社交媒体平台，定期推送心理健康知识和技巧。

5. 环境营造路径。创造有利于心理健康的校园环境，包括物理环境和人文环境。良好的环境能够潜移默化地影响学生的心理状态，促进心理健康。例如，可以设置心理健康主题公园，通过景观设计传递积极的心理健康理念；在校园各处设置心理健康宣传栏，定期更新心理健康知识；营造温暖、包容的校园氛围，鼓励学生互帮互助。

6. 社会实践路径。通过组织各种社会实践活动，让学生在实践中锻炼心理素质，提高适应能力，这些活动可以包括志愿服务、社会调查、企业实习等。通过接触社会、服务他人，学生可以增强自信心，提高社会适应能力，促进心理健康。例如，可以组织学生参与社区心理健康服务，既服务社会，又锻炼自己；安排学生到企业实习，提前体验职场环境，增强心理韧性。

五、大学生心理健康教育目标的评估与反馈

评估是检验大学生心理健康教育目标实现程度的重要手段，也是持续改进大学生心理健康教育工作的基础。评估应该涵盖心理健康教育目标的各个方面，包括学生的心理健康知识掌握程度、心理健康意识、心理健康能力、心理健康状况等。在进行评估时应该采用多元化的评估方法，以获得全面、客观的评估结果。评估应该由多个主体共同参与，以确保评估的全面性和客观性。评估结果应该及时反馈给相关方面，包括学生反馈、教师反馈、学校管理层反馈、家长反馈等。

首先，要确保评估的科学性和可靠性。评估时要使用标准化的评估工具，规范评估程序，确保评估结果的客观性和可比性。其次，要注意保护学生的隐私。对于评估过程中涉及的学生个人信息和心理状况必须严格保密，尊重学生的隐私权。最后，要建立动态的评估体系。随着心理健康教育目标的调整和发展，评估体系也应该相应地进行更新和完善。

通过科学、系统的评估和反馈，可以及时了解大学生心理健康教育目

标的实现程度，发现存在的问题和不足，从而不断改进和优化心理健康教育工作，实现培养心理健康人才的目标。

第二节 自我认知与人格发展

一、自我认知的概念与重要性

自我认知是指个体对自己的认识和了解，包括对自己的身体特征、能力、性格、兴趣、价值观等方面的认识。自我认知是个体形成自我概念和自我意识的基础，对个人的心理健康和人格发展具有重要影响。自我认知是一个动态的过程，随着个体的成长和经历不断发展和变化。在心理学中，自我认知被视为自我意识的核心组成部分，是个体对自身的主观评价和客观认识的统一。自我认知的形成受到多种因素的影响，包括个人经历、社会文化背景、教育环境等。准确的自我认知有助于个体建立积极的自我概念，提高自尊水平，增强自信心，这些都是心理健康的重要指标。

同时，自我认知也影响着个人的行为选择和决策过程。对自己的了解程度会直接影响个人在生活和工作中的表现。例如，一个对自己能力有准确认识的人，更可能选择适合自己的工作和承担适度的责任，从而获得更好的发展机会和成就感。此外，自我认知还是人际交往的基础。了解自己有助于个体更好地理解他人，从而建立良好的人际关系。当一个人能够清楚地认识到自己的优点和缺点，他就能更好地理解和接纳他人的特点，从而促进更和谐的人际互动。自我认知还是个人发展的动力，对自己优势和不足的认识可以促使个体不断学习和进步，实现自我完善。例如，当一个人意识到自己在某个领域的不足时，他可能会更积极地寻求学习和提升的机会。自我认知还会影响个人的情绪状态，对自己的正确认识有助于个体保持情绪稳定，从容应对生活中的压力和挫折。例如，一个对自己有准确认识的人，在面对失败时更可能采取积极的应对策略，而不是陷入自我否定和消极情绪中。在大学生心理健康教育中，培养学生的自我认知能力是一项重要内容。教育工作者应该通过开设相关课程、组织自我探索活动、提供个别咨询等多种方式帮助学生了解自我认知的重要性，引导他们运用科学的方法认识自己，形成积极、客观的自我认知。

同时，教育工作者也应该注意到自我认知是一个持续的过程，需要在大学生活的各个阶段都给予关注和引导。例如，在新生入学时可以帮助学生建立初步的自我认知，在大学中期可以引导学生深化自我认知，在毕业前可以帮助学生将自我认知与职业规划相结合。此外，自我认知的培养还应该与其他心理健康教育内容相结合，如情绪管理、人际交往、压力应对等，形成一个全面的心理健康教育体系。在实际教育过程中，教育工作者还应该注意到每个学生的个体差异，采用个性化的方法帮助学生提高自我认知能力。例如，对于自我认知能力较弱的学生，可能需要更多的指导和支持；对于自我认知偏差较大的学生，可能需要帮助他们建立更客观的自我评价标准。

总的来说，自我认知在大学生心理健康教育中处于核心地位，不仅是心理健康的重要指标，也是个人成长和发展的关键因素。通过培养学生的自我认知能力，可以帮助他们更好地了解自己，从而管理自己的情绪和行为，建立良好的人际关系，实现个人的全面发展。因此，在大学生心理健康教育中，应当给予自我认知培养足够的重视和系统的规划。

二、自我认知的内容与方法

自我认知的内容是多方面的，涵盖了个体的各个方面，要实现对自我的全面认知，需要采用多种方法，主要包括以下几种。

1. 自我观察。通过观察自己的行为、情绪、想法等，了解自己的特点。这是最直接的自我认知方法，但需要保证客观和持续。

2. 心理测评。通过标准化的心理测试工具，了解自己的性格、能力、兴趣等特征。这种方法可以提供相对客观的数据，但需要专业的解释。

3. 反馈分析。通过收集他人对自己的评价和反馈，了解他人眼中的自己。这种方法可以得到不同视角的反馈，但需要勇气去接受他人的评价。

4. 经历回顾。通过回顾和分析过去的经历，了解自己的行为模式和特点。这种方法可以发现自己的变化和成长，但可能受到记忆偏差的影响。

5. 角色扮演。通过在不同情景中扮演不同角色，了解自己在不同情况下的表现。这种方法可以探索自己的潜能，但需要一定的想象力和表演能力。

6. 日记写作。通过记录日常生活和内心感受，深入了解自己的想法和情感。这种方法可以促进自我反思，但需要坚持和诚实。

7. 冥想和内省。通过静心思考，深入探索自己的内心世界。这种方法可以帮助发现潜意识的想法，但需要一定的练习和耐心。

在大学生心理健康教育中，教育工作者应当引导学生掌握上述的自我认知方法，鼓励他们运用多种方法全面认识自己。例如，可以在心理健康课程中介绍上述方法，并通过实践作业让学生尝试使用。同时，也可以组织小组活动，让学生相互分享自我认知的经验和收获。此外，还可以提供个别咨询，帮助学生更深入地探索自我。

在引导学生使用上述方法时，教育工作者需要注意以下几点。首先，要强调客观性和诚实性的重要性。自我认知的过程需要学生保持客观和诚实的态度，避免自欺欺人或过度美化自己。其次，要鼓励学生持续地进行自我认知。自我认知不是一次性的活动，而是一个长期坚持的过程。可以鼓励学生定期进行自我评估，持续观察自己的变化和成长。再次，要帮助学生整合不同方法所获得的信息。不同的自我认知方法可能会得到不同甚至矛盾的信息，需要帮助学生分析和整合这些信息，形成连贯的自我认知。最后，要注意保护学生的隐私和自尊。自我认知的过程可能会涉及一些敏感的个人信息，教育工作者需要尊重学生的隐私，并在必要时提供情感支持。

同时，教育工作者还应当注意到自我认知是一个动态的过程，需要学生持续地关注和探索自我。随着经历的增加和环境的变化，个体的自我认知也会发生变化。因此，应当鼓励学生在大学的不同阶段重新审视自己，更新自我认知。例如，可以在每学年开始时组织自我认知活动，帮助学生回顾过去一年的变化，更新对自己的认识。此外，还可以结合重要的人生阶段（如实习、就业）组织有针对性的自我认知活动，帮助学生在新的环境中重新认识自己。在实际教育过程中，教育工作者还需要注意个体差异。不同的学生可能对不同的自我认知方法有不同的偏好和效果。例如，有些学生可能更喜欢通过写作来认识自己，而有些学生可能更喜欢通过与他人交流来了解自己。教育工作者需要尊重这些个体差异，鼓励学生找到最适合自己的自我认知方法。同时，教育工作者还要鼓励学生努力尝试不同的方法，拓展自我认知的视角。

值得注意的是，自我认知的过程可能会引发一些心理困扰。例如，学生可能会发现自己的某些特点与理想自我有很大差距，或者发现自己存在一些不愿意承认的缺点。这时，教育工作者需要提供适当的支持和引导，帮助学生正确看待这些发现，将其视为成长的机会，而不是自我否定的理由。

总的来说，自我认知的内容和方法是丰富多样的，需要系统的学习和长期的实践。在大学生心理健康教育中，教育工作者应当帮助学生全面了解自我认知的内容，掌握多种自我认知的方法，并在实践中不断深化和更新自我认知。通过这样的心理健康教育，可以帮助学生建立更加准确、积极的自我认知，为他们的心理健康和个人发展奠定良好的基础。

三、自我认知中的常见问题及应对策略

在自我认知的过程中，大学生可能会遇到一些常见问题，从而影响他们形成准确、积极的自我认知，这些问题主要包括以下几个方面。

1. 自我认知不全面。很多大学生只关注自己的某些方面，而忽视其他方面，很可能导致自我认知片面。例如，有些学生可能过分关注学习成绩，而忽视了自己在其他方面的特点和能力。这种片面的自我认知可能导致学生在面对复杂的生活和工作环境时感到困惑和不适应。应对策略主要是鼓励学生全面认识自己，可以通过提供全面的自我认知框架，引导学生从多个角度审视自己。例如，可以设计一个包含学习能力、社交能力、情绪管理能力、领导能力等多个维度的自我评估表，让学生定期进行自我评估。同时，可以组织多样化的活动，如团队项目、社会实践、艺术创作等，让学生在不同情境中认识自己的不同方面。此外，还可以通过个别咨询，帮助学生发现自己被忽视的方面，形成更全面的自我认知。

2. 自我认知偏差。自我认知偏差是指个体对自己的认识与实际情况不符，常见的偏差包括自我膨胀（过高估计自己）和自我贬低（过低估计自

己）。自我膨胀可能导致学生盲目自信，做出不切实际的决策，而自我贬低则可能导致学生缺乏自信，错失发展机会。应对策略主要是帮助学生建立客观的自我评估标准，鼓励他们收集多方面的反馈。可以通过团体活动，让学生相互提供反馈，帮助他们形成更客观的自我认知。例如，可以组织“优点轰炸”活动，让每个学生都能听到他人眼中自己的优点，帮助那些自我贬低的学生认识到自己的价值。对于自我膨胀的学生，可以通过设置适度挑战的任务，让他们在实践中认识到自己的不足。此外，还可以引入标准化的评估工具，如人格测试、能力测试等，帮助学生获得更客观的自我评估。

3. 自我认知固化。一些学生固守某些关于自己的看法，不愿意或不善于调整自我认知，这种固化的自我认知可能阻碍个人的成长和发展。例如，一个认定自己不善言辞的学生可能会回避所有需要口头表达的机会，从而失去提升沟通能力的机会。应对策略主要是帮助学生认识到自我是动态变化的，鼓励他们保持开放的心态，接受新的信息和反馈。可以通过分享成长故事，让学生认识到人是可以改变的。例如，可以邀请校友分享他们在大学期间的成长经历，特别是如何突破自我限制的案例。同时，可以设计一些挑战自我认知的活动。例如，让学生尝试一些他们认为自己不擅长的事情，并记录自己的表现和感受。通过这些实践活动，帮助学生打破固有的自我认知，认识到自己的潜力和可塑性。

4. 社会比较过度。有些学生过分依赖与他人的比较来认识自己，这可能导致自尊心受损或产生不切实际的期望。过度的社会比较可能导致学生陷入比下有余、比上不足的困境，难以形成稳定的自我认知。应对策略主要是引导学生关注自身的成长和进步，而不是简单地与他人比较。可以鼓励学生设定个人目标，并定期评估自己的进步情况。例如，可以引导学生建立个人成长档案，记录自己在各个方面的进步和成就。同时，可以组织讨论活动，让学生分享自己如何应对社会比较带来的压力，相互学习应对策略。此外，还可以引导学生认识到每个人都有自己独特的发展轨迹，不必盲目追求与他人一致。

5. 自我认知与理想自我差距过大。一些学生会发现自己的实际情况与理想状态存在较大差距，这可能会导致挫折感和自卑感。这种情况如果处理不当，很可能会影响学生的学习动力和心理健康。应对策略主要是帮助学生认识到理想与现实之间存在差距是正常现象，鼓励他们将这种差距视为成长的动力。可以指导学生制订切实可行的自我提升计划。例如，可以引导学生将长期目标分解为一系列短期目标，并制订具体的行动计划。同时，可以组织经验分享会，邀请高年级学生或成功校友分享他们如何缩小理想自我和实际自我之间的差距。此外，还可以通过个别咨询，帮助学生调整不切实际的期望，建立更加合理的理想自我。

6. 对负面特征过分关注。有些学生过分关注自己的缺点或不足，忽视了自己的优点和潜力，这可能导致消极的自我评价。这种情况可能源于过去的负面经历或环境影响，如果不及时纠正，很可能会影响学生的自信心和心理健康。应对策略主要是引导学生全面、客观地看待自己，既要认识到自己的不足，也要看到自己的优点和潜力。可以通过优势探索活动，帮助学生发现和认识自己的优势。例如，可以使用“优势识别卡”，让学生从中选择自己的优势，并举例说明。同时，引导学生学会欣赏自己的进步，而不仅仅是关注结果。此外，还可以通过团体活动，让学生相互分享彼此的优点，帮助每个人认识到自己被他人欣赏的方面。

7. 自我认知与环境反馈不一致。有时学生对自己的认识与周围环境（如家人、朋友、老师）的反馈不一致，这可能导致困惑和焦虑。出现这种情况可能有多种原因，如环境期望过高、自我评价不准确、沟通不畅等。应对策略主要是帮助学生分析具体原因，鼓励他们进行开放、诚实的沟通，以获得更多的理解和支持。例如，可以通过角色扮演活动，让学生练习如何与他人沟通自己的想法和感受。同时，可以引导学生学会分析和整合不同来源的反馈，形成更全面和客观的自我认知。此外，还可以通过个别咨询，帮助学生处理因认知不一致而带来的情绪困扰。

8. 缺乏自我认知的动机。一些学生缺乏认识自己的动力，对自我探索不感兴趣或避而不谈，这可能源于对自我认知重要性的认识不足，或者害怕面对自己的缺点。应对策略主要是帮助学生认识到自我认知的重要性，可以通过案例分析、角色扮演等方式，让学生体验自我认知带来的好处。例如，可以设计情景模拟活动，让学生体验准确的自我认知是如何帮助他们做出更好决策的。同时，可以创造安全的环境，鼓励学生勇于探索自我。

此外，还可以将自我认知活动与学生感兴趣的主题相结合，如职业规划、人际关系等，提高学生参与的积极性。

9. 自我认知能力不足。有些学生缺乏进行自我认知的方法和技能，不知道如何有效地认识自己，这可能导致学生在面对自我认知任务时感到困惑和无所适从。应对策略主要是提供自我认知的具体方法和工具，如自我观察日记、SWOT 分析等，并通过实践练习帮助学生掌握这些方法。例如，可以在心理健康课程中专门设置自我认知的模块，系统地介绍和练习各种自我认知方法。同时，可以提供个别指导，帮助学生根据自己的特点选择适合的自我认知方法。此外，还可以组织小组活动，让学生相互分享自我认知的经验和技巧。

通过系统的引导和支持，帮助学生逐步建立准确、积极的自我认知，为他们的心理健康和人格发展奠定基础。此外，教育工作者应该意识到这些自我认知中的常见问题往往是相互关联的。例如，自我认知不全面可能导致自我认知偏差，自我认知固化可能源于对负面特征的过分关注。因此，在实际教育工作中，教育工作者需要采取综合的方法，全面关注学生的自我认知发展。同时，自我认知的发展是一个长期的过程，需要在大学生活的不同阶段持续关注和引导，可以考虑设计一系列连续性的自我认知活动，帮助学生在大学期间不断深化和完善自我认知。最后，教育工作者还应该将自我认知教育与其他心理健康教育内容相结合，如情绪管理、人际交往、生涯规划等，形成一个全面的心理健康教育体系。

四、人格发展的理论基础

人格发展是心理健康教育的重要内容之一，了解人格发展的理论基础有助于更好地理解和促进大学生的人格发展，以下是几个主要的人格发展理论。

1. 弗洛伊德的精神分析理论。弗洛伊德认为，人格由本我、自我和超我三部分组成，人格发展主要受早期童年经历的影响。这一理论至今仍然对理解个人的深层动机和冲突有着重要意义。例如，一个在口唇期得不到满足的人可能在成年后表现出过度依赖或悲观的人格特征。在大学生心理健康教育中，教育工作者可以借鉴这一理论帮助学生理解自己的一些深层次行为动机，特别是在处理人际关系和情感问题时。

2. 埃里克森的心理社会发展理论。埃里克森将人的一生分为8个阶段，每个阶段都有特定的发展任务和危机。大学阶段对应的是“青年期”，主要任务是建立自我同一性，克服角色混乱。这一理论对理解大学生的身份认同问题特别有帮助。例如，很多大学生可能在选择专业、确定职业方向时感到困惑，这反映出他们正在经历身份认同的危机。在心理健康教育中，教育工作者可以设计一些活动帮助学生探索自己的身份，如职业兴趣测试、角色扮演等，帮助他们更好地了解自己，建立稳定的自我认同。

3. 马斯洛的需求层次理论。马斯洛提出人类需求有5个层次，即生理需求、安全需求、爱与归属需求、尊重需求和自我实现需求。而人格发展就是不断满足更高层次需求的过程，因此马斯洛的需求层次理论对理解大学生的动机和行为有着重要意义。例如，很多大学生可能已经满足了基本的生理和安全需求，正在追求爱与归属、尊重和自我实现的需求。在心理健康教育中，教育工作者可以引导学生认识到自己当前的需求层次，并帮助他们找到满足更高层次需求的方法。

4. 罗杰斯的人本主义理论。罗杰斯强调个体的自我实现倾向，认为个体在适宜的环境中能够充分发挥潜能，实现自我。他提出了“全面运作的人”的概念，这种人能够开放地体验，信任自己的感受，过着存在主义的生活。这一理论为大学生心理健康教育提供了一个积极的视角，强调创造支持性环境，促进学生的自我实现。在实际教育工作中，教育工作者可以采用罗杰斯的来访者中心疗法的原则，如无条件积极关注、共情理解等，以此来支持学生的成长。

5. 班杜拉的社会学习理论。班杜拉认为，人格是通过观察和模仿他人的行为而形成的，他强调环境、行为和个人因素之间的相互作用。这一理论对理解大学生如何在新环境中学习和适应有着重要意义。例如，大学新生可能通过观察和模仿高年级学生来学习如何适应大学生活。在心理健康教育中，教育工作者可以利用这一理论设计同辈互助项目，让高年级学生为低年级学生提供榜样和指导。同时，也可以通过组织各种社团活动，为学生提供观察和模仿积极行为的机会。

6. 大五人格理论。这一理论认为，人格可以用5个基本维度来描述，即开放性、尽责性、外向性、宜人性和神经质。这些特质在生命过程中相对稳定，但也会随环境和经历而变化。大五人格理论为理解和评估大学生的人格特征提供了一个实用的框架。在心理健康教育中，教育工作者可以使用基于大五人格理论的测评工具，帮助学生了解自己的人格特征，并根据这些特征制订个性化的发展计划。例如，对于神经质得分较高的学生，可以重点培养其情绪管理能力；对于开放性得分较低的学生，可以鼓励其尝试新事物，拓宽视野。

7. 艾利斯的理性情绪行为理论。艾利斯认为，人的情绪和行为主要受其信念系统的影响。因此，通过改变不合理的信念，可以促进人格的健康发展。这一理论特别有助于改善大学生的心理健康状况。

8. 科尔伯格的道德发展理论。科尔伯格将道德发展分为前习俗水平、习俗水平和后习俗水平，每个水平又分为两个阶段。大学阶段通常处于习俗水平或向后习俗水平过渡时期。这一理论对于理解和促进大学生的道德发展有着重要意义。在心理健康教育中，教育工作者可以设计一些道德困境讨论活动，促进学生的道德推理能力，帮助他们形成更加成熟的道德判断。

9. 凯利的个人构念理论。凯利认为，每个人都像科学家一样，通过自己的构念系统来理解和预测世界。人格发展就是不断修正和完善个人构念的过程。这一理论强调了个体在理解世界过程中的主动性，对于促进大学生的认知发展和批判性思维能力的形成有着重要启示。在心理健康教育中，教育工作者可以引导学生反思自己的构念系统，认识到自己理解世界的方式可能存在局限，并鼓励他们拓宽视野，形成更加灵活和开放的构念系统。

10. 阿德勒的个体心理学理论。阿德勒强调社会兴趣和生活方式的重要性，认为人格发展的核心是克服自卑感，追求优越感。这一理论对理解大学生的动机和行为有着重要意义。在心理健康教育中，教育工作者可以帮助学生认识到自卑感的普遍性，引导他们通过积极的方式追求优越感，如参与社会服务、发展自己的才能等。

上述理论为理解人格发展提供了不同的视角。在大学生心理健康教育中，教育工作者可以综合应用这些理论，帮助学生更好地理解自己的人格特点，促进人格的健康发展。在应用上述理论时，需要注意以下几点。

第一，理论整合。虽然这些理论各有侧重，但它们并不是相互排斥的。在实际教育工作中，应当根据具体情况灵活运用，将不同理论的洞见进行整合。

第二，个体差异。每个学生都是独特的个体，有着自己的特点和需求。在应用理论时，需要考虑到个体差异，避免简单化和标签化。

第三，文化适应。这些理论大多源于西方心理学，在应用时需要考虑我国文化的特点，进行适当的调整和本土化。

第四，发展视角。人格发展是一个长期的过程，在设计干预措施时，需要采用发展的视角，关注学生的长期成长，而不只是短期的改变。

第五，实践检验。这些理论虽然提供了理解和干预的框架，但具体的干预效果还需要通过实践来检验，应当建立评估机制，不断检验和改进干预措施的有效性。

总的来说，上述人格发展理论为大学生心理健康教育提供了丰富的理论基础。通过深入理解和灵活应用这些理论，可以更好地了解大学生的心理特点和发展需求，从而设计出更加有效的心理健康教育项目，促进学生的全面发展。同时，上述理论也为学生提供了了解自己和他人的工具，有助于他们在大学阶段实现更好的自我认识和人格成长。

在实际教育工作中，教育工作者可以将上述理论融入各种形式的活动中，如课程教学、团体辅导、个别咨询、主题活动等。例如，可以开设人格发展与自我成长选修课，系统介绍这些理论，并设计相应的实践活动。可以组织以自我探索为主题的团体辅导，通过不同的理论视角帮助学生更加全面地认识自己。在个别咨询中，教育工作者可以根据学生的具体情况，灵活应用不同的理论进行分析和干预。还可以组织一些大型的主题活动，如人格魅力大赛、成长故事分享会等，创造应用这些理论的实践场景。

第三节 情绪调节与压力管理

一、情绪调节的理论基础与实践策略

情绪调节是大学生心理健康教育的核心内容之一，对学生的心理适应和学业成功具有重要影响。从情绪心理学的角度来看，情绪调节是指个体对自身情绪体验和表达的调控过程，包括情绪的识别、理解、接纳和管理。对于大学生而言，良好的情绪调节能力不仅能够帮助他们保持积极的心理状态，还能够提高学习效率、改善人际关系、增强心理韧性。

情绪调节的理论基础主要包括情绪调节过程模型、认知评价理论和情绪智力理论等。情绪调节过程模型提出了情绪调节的 5 个阶段，即情境选择、情境修正、注意部署、认知改变和反应调节，这个模型为理解和实施情绪调节提供了系统的框架。认知评价理论强调了认知因素在情绪产生和调节中的关键作用，为认知重构等调节策略提供了理论依据。情绪智力理论则强调了情绪识别、理解和管理能力的重要性，为情绪教育提供了全面的视角。

基于上述理论，情绪调节教育的内容应该包括以下几个方面。

第一，情绪识别能力的培养。情绪识别是情绪调节的基础，包括对自身情绪和他人情绪的准确识别。教育内容应该帮助学生了解情绪的基本种类和特征，学习识别情绪的生理、认知和行为表现。可以通过情绪日记、情绪观察练习等方法，提高学生对情绪微妙变化的敏感度。同时，还应该培养学生的情绪词汇，使他们能够更准确地描述和表达自己的情绪状态。

第二，情绪理解能力的提升。情绪理解包括对情绪产生原因和可能后果的认识。教育内容应该帮助学生分析情绪背后的认知评价过程，了解个人经历、文化背景等因素对情绪的影响。可以通过案例分析、角色扮演等方法，让学生深入理解不同情境下的情绪反应。同时，还应该培养学生的情绪推理能力，即根据情境和他人行为推测其情绪状态的能力。

第三，情绪接纳态度的培养。情绪接纳是指对自身情绪的开放和包容态度，不过分压抑或否定情绪。教育内容应该帮助学生认识到所有情绪都有其存在的价值，包括负面情绪。可以介绍正念冥想等方法，帮助学生以开放、不评判的态度觉察自己的情绪。同时，还应该引导学生理解情绪的暂时性和变化性，减少对负面情绪的过度反应。

第四，情绪表达技能的学习。适当的情绪表达有利于心理健康和人际关系。教育内容应该包括语言和非语言情绪表达技巧，以及在不同社交场合的情绪表达规则。可以通过角色扮演、小组讨论等方式，让学生练习恰当的情绪表达方式。同时，还应该培养学生的情绪智力，使他们能够根据情境灵活调整情绪表达方式。

第五，情绪调节策略的掌握。情绪调节策略是指个体为了改变情绪强度、持续时间或质量而采取的方法。教育内容应该介绍多种有效的情绪调节策略，如认知重评、问题解决、注意力转移等。可以通过情景模拟、案例分析等方法，让学生学会选择和运用适当的情绪调节策略。同时，还应该强调不同策略的适用情景和可能效果，培养学生灵活运用策略的能力。

二、压力管理的概念、理论与应对策略

压力管理是大学生心理健康教育的另一个重要内容。从压力心理学的角度来看，压力是个体面对挑战或威胁时产生的身心反应。对于大学生而言，适度的压力可以激发潜能，但过度的压力则可能导致身心健康问题。因此，培养学生有效的压力管理技能成为心理健康教育的重要任务。

压力管理的理论基础主要包括交易理论、资源保存理论和压力-应对-适应模型等。交易理论强调了个体对压力源的认知评价在压力反应中的关键作用，为认知重构等干预策略提供了理论依据。资源保存理论认为个体会努力获取、保持和保护他们重视的资源，这为理解压力来源和制定应对策略提供了新的视角。压力-应对-适应模型则描述了压力、应对和适应之间的动态关系，为全面理解压力过程提供了框架。

基于上述理论，压力管理教育的内容应该包括以下几个方面。

第一，压力认知的重构。很多时候，压力源于个体对事件的认知评价。教育内容应该帮助学生了解压力的本质，认识到压力并非总是消极的。可

以介绍压力的积极功能，如激发潜能、促进成长等。同时，还应该引导学生重新评估压力源，将威胁性评价转变为挑战性评价，从而改变对压力的感知和反应。

第二，压力源的识别与分析。有效的压力管理始于对压力源的准确识别。教育内容应该帮助学生系统分析生活中的压力源，包括学业压力、人际压力、未来发展压力等。可以通过压力日记、压力评估量表等工具，帮助学生量化和可视化自己的压力状况。同时，还应该引导学生认识到压力源的主观性，同样的事件对不同个体可能产生不同程度的压力。

第三，压力反应的觉察。压力会引发生理、心理和行为等多方面的反应。教育内容应该帮助学生识别压力的各种表现，如肌肉紧张、心跳加速、焦虑情绪、注意力分散等。可以通过身体扫描、情绪觉察等练习，提高学生对压力反应的敏感度。同时，还应该帮助学生理解个体差异，因为每个人的压力反应模式可能不同。

第四，压力应对策略的学习。压力应对策略可以分为问题焦点应对和情绪焦点应对。教育内容应该介绍多种有效的应对策略，如时间管理、目标设定、放松训练、寻求社会支持等。可以通过案例分析、角色扮演等方法，让学生学会选择和运用适当的应对策略。同时，还应该强调不同策略的适用情境，培养学生灵活运用策略的能力。

第五，压力韧性的培养。压力韧性是指个体在面对压力时能够保持心理平衡并快速恢复的能力。教育内容应该包括如何培养乐观思维、提高问题解决能力、增强自我效能感等。可以通过成功经验分享、挫折应对训练等活动，增强学生的压力韧性。同时，还应该帮助学生建立支持性的社交网络，这是增强压力韧性的重要资源。

三、情绪调节与压力管理的教育方法和技巧

在情绪调节与压力管理的教育过程中，需要采用多元化、互动性的教学方法，以提升学生的参与度和学习效果，以下是一些可以采用的教育方法和技巧。

1. 体验式学习。通过情景模拟、角色扮演等方式，让学生在模拟的压力情景中练习情绪调节和压力管理技能。这种方法可以增强学习的真实性

和实用性。

2. 小组讨论。组织学生分享各自的情绪体验和压力应对经验，促进相互学习和支持。这种方法可以提供多元的视角，同时也能增强学生的归属感。

3. 案例分析。选取贴近学生实际生活的案例，引导学生分析情绪和压力问题，并探讨解决方案。这种方法可以帮助学生将理论知识应用于实际问题。

4. 放松训练。教授并实践各种放松技巧，如渐进性肌肉放松、冥想、深呼吸等。这种方法可以直接帮助学生缓解压力和调节情绪。

5. 认知重构练习。引导学生识别非理性信念，学习使用更加理性、积极的方式解释事件。这种方法可以帮助学生改变对压力源的评价，从而减少负面情绪。

6. 时间管理工作坊。教授时间管理技巧，帮助学生更有效地安排学习和生活，减少时间压力。这种方法可以预防许多压力问题。

7. 正念训练。引入正念概念和练习，帮助学生培养当下觉知能力，改善情绪调节效果。这种方法可以增强学生的情绪觉察能力和自我调节能力。

8. 艺术表达。通过绘画、音乐、舞蹈等艺术形式，让学生表达和疏导情绪。这种方法可以提供情绪宣泄的健康途径，同时也能促进自我探索。

9. 运动干预。组织适度的体育活动，利用运动的积极效应来改善情绪状态和压力水平。这种方法不仅有利于身体健康，还能促进心理健康。

10. 网络平台支持。建立在线学习和互动平台，提供情绪调节和压力管理的学习资源和交流机会。这种方法可以扩大教育的覆盖范围，提供随时随地的引导和支持。

在使用上述教育方法时，教育工作者需要注意以下几点。

第一，要根据学生的特点和需求选择适当的方法。不同的学生可能对不同的方法有不同的反应，需要灵活调整。

第二，要注重理论与实践的结合。单纯的理论讲解可能难以转化为实际技能，需要给学生提供充分的实践机会。

第三，要创造安全、具有支持性的学习环境。情绪和压力话题可能涉及个人隐私，需要营造信任、开放的氛围。

第四，要鼓励学生在日常生活中持续应用所学的知识和技能，形成良好的习惯。

四、情绪调节与压力管理教育的评估与改进

为了确保情绪调节与压力管理教育的有效性，需要建立科学的评估体系，并基于评估结果不断改进教育内容和方法。

情绪调节与压力管理教育的评估应该包括以下几个方面。

1. 知识掌握程度。通过测试、问卷等方式，评估学生对情绪调节和压力管理相关知识的理解和记忆。

2. 技能应用能力。通过情景测试、行为观察等方法，评估学生运用情绪调节和压力管理技能的实际能力。

3. 态度改变。通过态度量表、访谈等方式，评估学生对情绪与压力的认知和态度是否发生积极变化。

4. 心理健康状况。通过心理健康量表、情绪量表等工具，评估学生的整体心理健康水平和情绪状态是否得到改善。

5. 学习满意度。通过问卷调查、反馈会等形式，了解学生对教育内容和方法的满意程度和建议。

6. 长期效果。通过追踪调查，评估教育效果的持久性，并了解学生在实际生活中的应用情况。

基于评估结果，可以从以下几个方面改进情绪调节与压力管理教育。

1. 内容更新。根据学生的反馈和最新研究成果，不断更新和丰富教育内容，确保其科学性和时效性。

2. 方法创新。尝试新的教育方法和技术，如虚拟现实技术、人工智能辅助等，提升教育的吸引力和效果。

3. 个性化调整。根据不同学生的需求和特点，提供更加个性化的教育内容和方法。

4. 环境优化。改善教育环境，创造更有利于情绪调节和压力管理学习的氛围。

5. 资源整合。加强与校内外其他部门和机构的合作，整合更多资源支持情绪调节与压力管理教育。

6. 教育工作者培训。加强对教育工作者的培训，提高其在情绪调节与压力管理方面的专业知识和教学技能。

总的来说，情绪调节与压力管理教育是大学生心理健康教育的重要组成部分。通过系统、科学的教育，可以帮助学生更好地管理自己的情绪，有效应对各种压力，从而提高心理适应能力，促进心理健康发展。这不仅有利于学生的学业成功，也为其未来的职业发展和生活幸福奠定了重要基础。

通过上述多方面的努力，可以使情绪调节与压力管理教育更加全面、有效，真正帮助大学生提高心理健康水平，为他们的全面发展和终身幸福奠定基础。这不仅有利于个体的健康成长，也为构建和谐社会、促进社会进步做出了贡献。在快速变化的现代社会中，培养具有良好情绪调节能力和压力应对能力的人才，无疑具有重要的现实意义和长远价值。

第四节　人际交往与社会适应

一、人际交往能力的培养

人际交往能力是大学生心理健康教育的重要组成部分，也是提升社会适应能力的基础。从社会心理学的角度来看，人际交往是指个体之间通过各种方式进行的信息交换和相互影响的过程。对于大学生而言，良好的人际交往能力不仅能够满足社交需求，还能提高学习效率、增强心理支持、促进个人成长。因此，培养大学生的人际交往能力成为心理健康教育的重要任务。

人际交往能力的培养应该包括以下几个方面。

1. 人际认知能力的提升。人际认知能力包括自我认知和他人认知。教育内容应该帮助学生了解影响人际认知的因素，如第一印象、刻板印象、归因偏差等。可以通过社会认知训练、角色扮演等方法，提高学生的人际认知敏感性和准确性。同时，还应该培养学生的换位思考能力，使他们能够从他人的角度理解问题，增强同理心。

2. 沟通技能的提升。有效的沟通是良好人际关系的基础。教育内容应该包括语言和非语言沟通技巧，如积极倾听、明确表达、反馈技巧等。可以通过沟通练习、小组讨论等方式，让学生实践和改进自己的沟通方式。同时，还应该培养学生的跨文化沟通能力，使他们能够在多元文化背景下进行有效交流。

3. 情绪管理在人际交往中的应用。情绪管理与人际交往密切相关。教育内容应该帮助学生了解情绪对人际交往的影响，学习在人际交往中有效管理和表达情绪的方法。可以通过情景模拟、案例分析等方式，让学生练习在各种人际情景中的情绪调节。

4. 冲突管理技能的培养。人际冲突是不可避免的，关键是如何有效管理。教育内容应该包括冲突的本质、常见原因、解决策略等。可以通过冲突情景分析、角色扮演等方法，帮助学生学习具有建设性的冲突解决方式。

5. 社交焦虑的克服。许多大学生在社交场合会感到紧张和不安。教育内容应该帮助学生了解社交焦虑的形成原因和表现，学习克服社交焦虑的方法。可以通过认知重构、渐进式暴露等方式，帮助学生克服社交焦虑。

6. 网络人际交往的指导。在互联网时代，网络人际交往已成为大学生社交的重要方式。教育内容应该包括网络社交的特点、利弊分析、网络礼仪等。可以通过网络社交案例分析、网络社交技巧讨论等方式，提高学生的网络人际交往能力。

7. 团队合作能力的培养。团队合作是现代社会的重要能力要求。教育内容应该包括团队角色认知、团队沟通、任务分配等方面。可以通过团队建设活动、合作项目等方式，让学生体验和学习团队合作。

在人际交往能力的培养过程中，教育工作者应该采用多样化的教育方法，如角色扮演、情景模拟、小组讨论、案例分析等。同时，也要注重创造实践机会，鼓励学生在日常生活中应用所学的知识和技能。

二、社会适应能力的提升

社会适应是指个体为了满足社会要求和自身需要而调整自身行为的过程。对于大学生而言，良好的社会适应能力不仅有利于他们更好地融入大学生活，也可以为未来的职业发展和社会生活奠定基础。因此，提升学生的社会适应能力是心理健康教育的重要目标。

社会适应能力的提升应该包括以下几个方面。

1. 角色适应能力的培养。大学生需要适应多种新的社会角色，如学生、朋友、恋人、实习生等。教育内容应该帮助学生了解不同角色的要求和期望，学习在不同角色间进行平衡和转换的技巧。可以通过角色分析、角色扮演等方法，帮助学生更好地适应各种社会角色。

2. 文化适应能力的培养。在多元文化背景下，文化适应能力变得越来越重要。教育内容应该包括文化差异认知、跨文化沟通技巧、文化包容性等。可以通过文化体验活动、跨文化交流项目等方式，提高学生的文化适应能力。

3. 环境适应能力的提升。大学生需要适应新的学习环境、生活环境和社交环境。教育内容应该帮助学生了解环境适应的过程和策略，如信息搜集、资源利用、支持网络建立等。可以通过环境探索活动、适应经验分享等方式，增强学生的环境适应能力。

4. 压力应对能力的培养。社会适应过程中会遇到各种压力。教育内容应该包括压力识别、压力管理策略、求助技巧等。可以通过压力管理工作坊、放松训练等方式，提高学生的压力应对能力。

5. 问题解决能力的提升。面对新环境和新挑战，问题解决能力尤为重要。教育内容应该包括问题分析、方案制定、决策技巧等。可以通过案例分析、问题解决训练等方法，培养学生的问题解决能力。

6. 社会规范的学习。社会适应过程中需要了解和遵守各种社会规范。教育内容应该包括法律法规、道德规范、行为礼仪等。可以通过规范学习、情景讨论等方式，帮助学生内化社会规范。

7. 职业适应能力的培养。为未来的职业生涯做准备是大学阶段的重要任务。教育内容应该包括职业认知、职业规划、职场礼仪等。可以通过职业体验、模拟面试等活动，增强学生的职业适应能力。

在社会适应能力的提升过程中，应该注重理论与实践的结合，创造各种实际体验和锻炼的机会。同时，也要关注个体差异，根据学生的特点和需求提供个性化的指导。

三、人际关系的建立与维护

人际关系是个体社会生活的基础，对大学生的心理健康和个人发展具有重要影响。良好的人际关系可以为个体提供情感支持、信息资源和社会认同，有助于提高生活质量和幸福感。因此，帮助学生建立和维护良好的人际关系是大学生心理健康教育的重要内容。

人际关系的建立与维护应该包括以下几个方面。

1. 自我认知与他人认知。良好的人际关系建立在准确的自我认知和他人认知基础上。教育内容应该帮助学生了解自己的性格特点、价值观、需求等，同时也要学会观察和理解他人。可以通过性格测试、互动游戏等方式，增进学生的自我认知和他人认知。

2. 关系建立技巧。教育内容应该包括如何开始一段关系、如何展现自己、如何表达善意等。可以通过社交技巧训练、角色扮演等方法，帮助学生掌握建立关系的基本技巧。

3. 关系维护策略。建立关系后，如何维护和发展关系同样重要。教育内容应该包括沟通技巧、情感表达、信任建立、矛盾处理等方面。可以通过案例分析、经验分享等方式，帮助学生学习维护关系的策略。

4. 不同类型人际关系的处理。大学生需要处理多种类型的人际关系，如同学关系、师生关系、恋爱关系等。教育内容应该针对不同类型的人际关系讨论其特点和相应的处理策略。可以通过情景模拟、小组讨论等方法，让学生练习处理不同类型的人际关系。

5. 人际界限的设定。在建立和维护关系的同时，也要学会设定适当的人际界限。教育内容应该帮助学生理解人际界限的重要性，学习如何在亲密和独立之间找到平衡。可以通过案例分析、自我反思等方式，培养学生的界限意识。

6. 人际冲突的处理。冲突是人际关系中不可避免的一部分。教育内容应该包括冲突的本质、常见原因、解决策略等。可以通过冲突情景分析、调解技巧训练等方法，提高学生处理人际冲突的能力。

7. 社交网络的构建。广泛而稳定的社交网络对个人发展有很大帮助。教育内容应该包括社交网络的重要性、构建策略、维护方法等。可以通过绘制社交地图、组织社交活动等方式，帮助学生构建自己的社交网络。

在人际关系的建立与维护过程中，应该注重创造实践机会，鼓励学生在实际生活中应用所学的知识和技能。同时，也要关注学生的个体差异，尊重不同的人际交往方式和需求。

四、社会参与和责任感的培养

社会参与和责任感是大学生社会化过程中的重要内容，也是大学生心理健康教育的重要组成部分。积极的社会参与可以增强个体的社会归属感，提高自我价值感，同时也有助于培养社会责任感。因此，鼓励和引导学生积极参与社会活动，培养其社会责任感，是大学生心理健康教育的重要任务。

社会参与和责任感的培养应该包括以下几个方面。

1. 社会认知的提升。教育内容应该帮助学生了解社会的结构、运作机制、当前问题等。可以通过社会议题讨论、社会调查等方式，增加学生对社会的认识。

2. 公民意识的培养。教育内容应该包括公民的权利与义务、民主参与、法治意识等。可以通过模拟选举、法律案例分析等活动，培养学生的公民意识。

3. 志愿服务的推广。志愿服务是社会参与的重要形式。教育内容应该包括志愿服务的意义、形式、技能等。可以通过组织各种志愿活动，让学生亲身体验服务他人、回馈社会的过程。

4. 社会问题的关注与参与。鼓励学生关注社会问题，并积极参与解决。教育内容可以包括社会问题分析、解决方案设计等。可以通过社会实践项目、公益创新比赛等方式，培养学生参与社会事务的能力。

5. 环境保护意识的培养。环境保护是当代公民的重要责任。教育内容应该包括环境问题认知、环保行为养成等。可以通过环保活动、生态调查等方式，增强学生的环保意识。

6. 职业道德的培养。大学生作为未来的职场人，职业道德教育非常重要。教育内容应该包括职业道德规范、职业责任意识等。可以通过职业道德案例分析、职场情景模拟等方式，培养学生的职业道德。

7. 全球公民意识的培养。在全球化背景下，培养学生的全球公民意识很有必要。教育内容应该包括全球问题认知、跨文化理解、国际合作等。可以通过国际交流项目、全球议题讨论等方式，拓宽学生的国际视野。

在社会参与和责任感的培养过程中，应该注重理论与实践的结合，给学生创造各种实际参与的机会。同时，也要尊重学生的兴趣和选择，引导他们找到适合自己的社会参与方式。

总之，人际交往与社会适应是大学生心理健康教育的重要内容。通过系统、全面的教育，可以帮助学生提高人际交往能力，增强社会适应能力，建立良好的人际关系，培养社会责任感。这不仅有利于学生的心理健康发展，也为其未来的职业发展和社会生活奠定了重要基础。在快速变化的现代社会中，培养具有良好人际交往能力和社会适应能力的人才，无疑具有重要的现实意义和长远价值。

第三章　大学生心理健康教育的原则与方法

第一节　以人为本的教育理念

一、以人为本教育理念的内涵与意义

以人为本是现代教育理念的核心，在大学生心理健康教育中具有重要的指导意义。这一理念强调将学生作为教育的主体，尊重学生的个体差异，关注学生的全面发展，满足学生的心理需求。以人为本的教育理念源于人本主义心理学，它强调每个人都有实现自我的内在倾向和潜力，教育的目的是为个体的自我实现创造条件。

在大学生心理健康教育中，以人为本的教育理念体现在以下几个方面。

第一，要求教育工作者尊重每个学生的独特性，承认学生的个体差异，避免使用统一的标准来评判所有学生。

第二，强调关注学生的整体发展，不仅关注学生的学业成就，还要关注其情感、社交、道德等多个方面的发展。

第三，强调激发学生的内在动机，培养学生的自主性和创造性，而不是简单地进行知识灌输。

第四，要求创造一个支持性的教育环境，为学生的心理健康发展提供良好的条件。

以人为本的教育理念在大学生心理健康教育中具有重要意义，不仅有助于建立平等的师生关系，还能够增强学生的自尊感和自信心。同时，以

人为本的教育理念还能够激发学生的学习动机和自我成长意愿，促进学生的主动性和创造性。此外，以人为本的教育理念有助于创造一个开放、包容的教育氛围，使学生能够真实地表达自己、探索自我。由于以人为本的教育理念强调根据学生的个体需求来设计和实施教育活动，因此有助于提高心理健康教育的针对性和有效性。

然而，在实施以人为本的心理健康教育时也面临着一些挑战，如如何在大规模教育中实现个性化关注、如何平衡学生的自主性和必要的指导、如何处理学生的多样性需求等。这些挑战需要教育工作者不断探索和创新，以找到适合的教育策略和方法。

从理论基础来看，以人为本的教育理念与多个心理学理论相关联。除了前文提到的人本主义心理学，还包括积极心理学、认知心理学和社会学习理论等。积极心理学强调关注个体的优势和潜能，这与以人为本教育理念的核心思想相契合。认知心理学强调个体在学习过程中的主动建构作用，这支持了以人为本教育理念中对学生主体性的强调。社会学习理论则强调环境因素对个体行为的影响，这为创造支持性环境提供了理论依据。

从实践角度来看，以人为本的教育理念要求教育工作者转变传统的教育观念和方法。教育者工作需要从知识传授者转变为学习引导者，从控制者转变为支持者。这种转变不仅需要教育工作者具备丰富的专业知识，还需要具备良好的沟通能力、同理心和创新精神。同时，教育机构也需要调整教育政策和评估系统，以支持以人为本的教育实践。

二、尊重和发挥学生主体性

尊重和发挥学生主体性是以人为本教育理念的核心内容之一。在心理健康教育中，学生不应该被视为被动的接受者，而应该被视为教育过程的主动参与者和自身发展的主导者。这种观点源于建构主义学习理论和自我决定理论，强调学习者在知识建构和自我发展中的主动作用。

在大学生心理健康教育中，尊重和发挥学生主体性可以从以下几个方面着手。

第一，在教育目标的制定上，应该充分考虑学生的需求和意愿，让学生参与目标制定的过程。

第二，在教育内容的选择上，应该考虑学生的兴趣和实际需要，允许学生有一定的选择空间。

第三，在教育方法的运用上，应该采用互动式、参与式的教学方法，鼓励学生主动思考、讨论和实践。

第四，在教育效果的评估上，应该重视学生的自我评价，鼓励学生反思自己的学习和成长过程。

尊重和发挥学生主体性的具体策略包括：鼓励学生自主学习，提供自主学习的资源和平台；创造机会让学生表达自己的想法和感受，营造开放、包容的讨论氛围；鼓励学生参与教育活动的设计和组织，培养其主动性和责任感；建立学生反馈机制，及时了解学生的需求和建议；培养学生的自我管理能力，如时间管理、情绪管理等。

然而，在强调学生主体性的同时也需要注意适度原则。过度强调学生的自主性可能导致教育缺乏必要的指导和结构，影响教育效果。因此，教育工作者需要在尊重学生主体性和提供必要指导之间找到平衡。同时，还需要考虑学生的个体差异，有些学生可能需要更多的指导和支持，而有些学生可能更适合自主学习。

从理论角度来看，尊重学生主体性的观点与多个教育理论和心理学理论相关联。例如，皮亚杰的认知发展理论强调学习者在知识建构中的主动作用，维果茨基的社会文化理论强调社会互动在学习中的重要性，这些理论都为尊重学生主体性提供了理论支持。此外，自我决定理论强调满足个体的自主性、胜任感和关系需求对于内在动机的重要性，这为理解和促进学生主体性提供了重要视角。

在教育实践中，尊重学生主体性需要教育工作者采取新的教学方法和策略。例如，问题导向学习、合作学习、体验式学习等方法都有助于促进学生的主动参与。同时，教育工作者还应该积极利用现代教育技术，如在线学习平台、互动教学软件等，为学生提供更多自主学习和参与的机会。

此外，尊重学生主体性还涉及权力关系的调整。传统的教育模式中，教师往往处于权力的中心，而尊重学生主体性要求教师主动让渡部分权力，与学生建立更加平等、合作的关系。这种权力关系的调整可能会引发一些挑战，如如何维持课堂秩序、如何确保教育质量等，这就需要教育工作者在实践中不断探索和调整。

三、个性化教育的实施策略

个性化教育是以人为本教育理念在教育实践中的具体体现，强调根据学生的个体特点和需求，提供适合的教育内容和方法。在大学生心理健康教育中，个性化教育尤为重要，因为每个学生的心理特点、成长经历和面临的问题都各不相同。

实施个性化心理健康教育的策略包括以下几个方面。

第一，需要全面了解学生的个体特点，包括性格特征、认知风格、学习方式、兴趣爱好、家庭背景等。可以通过心理测评、个别谈话、日常观察等方式收集上述信息。

第二，根据学生的个体特点，制定个性化的教育目标和计划。这些目标和计划应该是具体的、可测量的、可达成的。

第三，选择适合学生特点的教育方法和内容。例如，对于性格内向的学生，可以安排个别辅导或小组活动；对于喜欢实践的学生，可以多安排体验式学习活动。

第四，建立个性化的评估体系，不仅要关注评估结果，还要关注学生的进步和成长过程。

实施个性化教育的具体方法包括：建立学生心理档案，记录每个学生的心理健康状况和发展轨迹；开展分层教学，根据学生的心理健康水平和需求进行分组教育；提供多样化的教育资源，如心理健康课程、讲座、工作坊、个别咨询等，让学生根据自己的需求进行选择；利用现代教育技术，如在线学习平台、自适应学习系统等，为学生提供个性化的学习体验；建立导师制，为学生提供一对一的指导和支持。

然而，在实施个性化教育的过程中也面临着一些挑战，如如何在有限的教育资源下实现个性化教育、如何平衡个性化教育和共同基础教育、如何处理个性化教育可能带来的公平性问题等。这就需要教育工作者不断创新教育方法，合理配置教育资源，同时也需要学校和社会的大力支持。

从理论基础来看，个性化教育的理念与多元智能理论、学习风格理论等密切相关。多元智能理论认为人类存在多种相对独立的智能，每个人的智能结构可能不同，这为个性化教育提供了重要的理论依据。学习风格理论则强调不同个体可能有不同的学习偏好和方式，这为设计个性化的教学方法提供了指导。

在教学实践中，教育工作者需要具备较高的专业素质和灵活性，需要能够准确识别学生的个体特点和需求，并根据这些特点和需求调整教育策略。这就要求教育工作者不仅要有扎实的专业知识，还要具备敏锐的观察能力和灵活的教学技能。

此外，个性化教育的实施还需要学校层面的支持。例如，需要调整课程设置，增加选修课程和个性化学习时间；需要改革评价制度，建立多元化的评价体系；需要优化资源配置，为个性化教育提供必要的人力和物力支持。

四、支持性环境的营造

营造支持性环境是实施以人为本的心理健康教育的重要条件。支持性环境是指能够满足学生心理需求，促进学生心理健康发展的物理和社会环境。这一概念源于生态系统理论，该理论强调个体发展与环境之间的相互作用。在大学生心理健康教育中，支持性环境对学生的心理健康和个人成长具有重要影响。

支持性环境的营造主要包括以下几个方面

第一，物理环境的优化。主要包括创造舒适、安全的学习和生活空间，设立心理咨询室、心理健康活动室等专门场所，提供各种有利于开展心理健康教育的设施和设备。

第二，社会环境的改善。主要包括建立和谐、友善的人际关系氛围，培养互助、包容的班级文化，构建师生之间、同学之间的支持网络。

第三，制度环境的完善。主要包括制定有利于学生心理健康的规章制度，建立心理危机干预机制，完善心理健康服务体系。

第四，文化环境的营造。主要包括倡导关注心理健康的校园文化，消除对心理问题的歧视和偏见，鼓励学生主动寻求心理帮助。

营造支持性环境的具体策略包括：开展心理健康主题活动，如心理健康日、心理电影周等，提高全校师生的心理健康意识；建立朋辈支持系统，培养学生心理委员或朋辈辅导员，发挥学生之间的互助作用；提供多样化的心理支持服务，如热线电话、网上咨询、面对面咨询等，满足学生的不同需求；加强教职工的心理健康培训，提高他们识别和帮助有心理困扰学生的能力；与家长保持良好沟通，形成家校合作的支持网络；利用新媒体技术，创造虚拟的心理支持空间，如心理健康网站、心理健康应用程序等。

然而，在营造支持性环境的过程中也面临着一些挑战，如如何在大规模的教育环境中创造个性化的支持空间、如何平衡隐私保护和必要的干预、如何处理不同群体之间可能存在的文化差异等。这就需要学校管理者、教育工作者、学生及社会各方面的共同努力。同时，也需要不断评估和改进环境的支持效果，以确保环境能够真正满足学生的心理需求。

从理论角度来看，支持性环境的概念与社会支持理论、压力—应对理论等密切相关。社会支持理论强调社会关系网络对个体心理健康的重要性，这为构建支持性社会环境提供了理论基础。压力—应对理论则强调环境因素在个体应对压力过程中的重要作用，这为营造减压环境提供了指导。

在教学实践中，营造支持性环境需要多方面的协同努力。首先，学校管理层面需要将心理健康教育纳入学校的整体发展规划，提供必要的政策支持和资源保障。其次，教师队伍需要接受系统的心理健康教育培训，提高心理健康意识和基本的心理辅导能力。再次，学生群体需要被动员起来，积极参与心理健康环境的营造，如参与朋辈辅导、组织心理健康活动等。最后，还需要与家庭和社会建立良好的合作关系，形成全方位的支持网络。

此外，支持性环境的营造还应该关注文化因素的影响。不同文化背景的学生可能对心理健康有不同的理解和需求，因此在营造支持性环境时需要考虑文化多样性，创造包容、尊重文化差异的氛围。同时，还需要注意网络环境对学生心理健康的影响，积极利用网络技术创造虚拟的支持空间，但是也要关注网络可能带来的负面影响，如网络欺凌、网络成瘾等问题。

总之，以人为本的教育理念为大学生心理健康教育提供了重要的指导原则。通过尊重学生的主体性、实施个性化教育、营造支持性环境，可以有效促进学生的心理健康发展。然而，将以人为本的教育理念付诸实践不仅需要教育工作者的不断探索和创新，还需要整个教育系统的支持和配合。在未来的心理健康教育实践中，如何更好地实现以人为本仍然是一个值得深入研究的课题。

五、以人为本的实践意义

以人为本的教育理念涉及教育公平的问题。虽然个性化教育和支持性环境的营造可能会增加教育成本，但从长远来看，这种投入是必要的，因为它可以预防更多的心理健康问题，减少未来可能的社会成本。因此，在实施以人为本的心理健康教育时，需要平衡效率和公平，确保每个学生都能获得适当的心理健康支持。

此外，以人为本的教育理念强调了终身学习的重要性。心理健康不是一个静态的状态，而是一个动态的发展过程。因此，心理健康教育不应局限于学校教育阶段，而应该贯穿个体的整个生命周期。在大学阶段，除了帮助学生解决当前的心理健康问题，还应该培养学生终身维护心理健康的意识和能力，为他们未来的心理健康发展奠定基础。

从社会发展的角度来看，以人为本的心理健康教育具有重要的现实意义。在当今快速变化的社会环境中，个体面临的心理压力和挑战日益增加。通过以人为本的心理健康教育，培养心理健康、适应能力强的人才，不仅有利于个体的发展，也有利于社会的稳定和进步。因此，以人为本的心理健康教育应该被视为一项重要的社会投资。

总的来说，以人为本的教育理念为大学生心理健康教育指明了方向，但如何在实践中更好地落实这一理念，仍然需要教育工作者的不断探索和努力。这需要在尊重每个学生的独特性的基础上，创造有利于学生心理健康发展的环境，提供适合的教育内容和方法，最终实现促进学生全面发展的目标，这是一项长期的、系统的工程，需要教育工作者、学校、家庭和社会的共同努力。

第二节 预防为主与危机干预相结合

一、预防性心理健康教育的理论基础与实施策略

预防性心理健康教育是大学生心理健康教育的重要组成部分，其理论基础主要源于公共卫生学的三级预防模型和心理学的积极预防理念。三级预防模型将预防分为初级预防、二级预防和三级预防，分别对应健康人群的普遍预防、高危人群的选择性预防和已出现问题人群的指征性预防。积极预防理念则强调通过培养个体的心理资本和积极品质来预防心理问题的发生。在大学生心理健康教育中，预防性心理健康教育的实践策略主要包括普及心理健康知识、开展心理素质培养活动、建立心理健康筛查机制、开展针对性的预防项目、创造支持性环境、提供自助资源等。这些策略涵盖了初级预防和二级预防的范畴，旨在提高学生群体的整体心理健康水平，同时针对高危人群提供更加精准的预防措施。

在实施预防性心理健康教育时有几个方面需要特别注意。首先，预防性心理健康教育应该覆盖全体学生，而不仅仅是针对已经出现问题的学生。其次，预防性心理健康教育应该是持续的、系统的，而不是零散的、临时性的。再次，预防性心理健康教育的内容和形式应该与学生的特点和需求相匹配，避免“一刀切”的做法。最后，预防性心理健康教育应该注重实效性，定期评估教育效果，并根据评估结果进行调整。

预防性心理健康教育的实施还需要考虑到大学生群体的特殊性。大学生正处于青年后期，面临着学业压力、就业压力、人际关系压力等多重挑战。同时，他们的认知能力和自我管理能力也在不断发展。因此，预防性心理健康教育的内容和形式应该与这一年龄段的特点相适应，既要关注普遍性问题，也要注意个体差异。例如，可以在普及心理健康知识的基础上，加强压力管理、时间管理、人际沟通等实用技能的培训。同时，也要注重培养学生的自我认知能力和自我调节能力，使他们能够成为自己心理健康

的第一责任人。

二、危机干预的理论模型与实施流程

心理危机干预是针对已经出现严重心理问题或处于心理危机状态的学生所采取的紧急措施，其理论基础主要包括危机理论、应激理论和社会支持理论等。危机理论认为，危机是一种暂时性的心理失衡状态，如果得到及时有效的干预，个体可以恢复平衡并获得成长。应激理论为理解危机状态下的生理和心理反应提供了框架。社会支持理论则强调社会资源在危机干预中的重要作用。

大学生心理危机干预的实施流程通常包括危机识别、危机评估、制订干预计划、实施干预、后续跟进和效果评估等步骤。在危机识别阶段，需要通过各种渠道（如教师观察、同学报告、自我求助）及时发现处于心理危机状态的学生，这就要求学校建立一个敏感、高效的危机预警系统。在危机评估阶段，需要对危机学生的心理状态、危机程度、自杀风险等进行全面评估，这需要使用标准化的评估工具，并结合专业人员的判断。在制订干预计划阶段，需要根据评估结果，制订个性化的干预计划，计划应包括短期目标和长期目标，以及具体的干预措施。在实施干预阶段，需要根据计划实施干预，采用心理支持、认知重构、问题解决、资源链接等多种方法，必要时可能需要采取住院治疗等医疗措施。在后续跟进阶段，需要在危机解除后进行持续的跟进和支持，预防问题复发，主要措施包括定期的心理咨询、生活指导等。在效果评估阶段，需要对干预效果进行评估，包括学生的心理状态改善情况、适应能力提升情况等，根据评估结果，可能需要调整干预计划。

在实施危机干预时有几个方面需要特别注意。首先，要保证干预的及时性，建立 24 小时响应机制。其次，要注重干预的专业性，危机干预应由经过专门训练的人员执行。再次，要强调干预的系统性，调动学校、家庭、医疗机构等多方资源。最后，要注意保护学生的隐私，遵守职业伦理规范。在大学环境中，心理危机干预还面临着一些特殊挑战，如如何在保护学生隐私的同时及时通知家长和相关部门、如何处理学生自主权与必要干预之间的矛盾、如何在校园环境中进行有效的危机评估和干预等，这些问题需要在实践中不断探索和完善。同时，还需要建立完善的法律和制度保障，明确各方的责任和权限，为危机干预提供必要的支持和保护。

三、预防与干预的整合策略

预防性心理健康教育和危机干预虽然针对的对象和采取的方法不同，但两者并非完全分离，而是应该有机整合，形成一个连续的、全面的心理健康教育体系，预防与干预的整合策略主要包括以下几个方面。

第一，建立全面的心理健康管理系统。这个系统应该包括日常的心理健康教育、定期的心理健康筛查、及时的危机预警、专业的危机干预等多个环节，形成一个闭环的管理过程。

第二，构建多层次的心理健康服务体系。根据学生的心理健康状况和需求，提供不同层次的服务。例如，对于一般学生提供普及性的心理健康教育，对于亚临床群体提供针对性的预防项目，对于已经出现严重问题的学生提供危机干预服务。

第三，强化预防与干预的衔接。将危机干预的经验反馈到预防性教育中，提高预防的针对性和有效性。同时，在危机干预后的恢复阶段也应该融入预防性教育的内容，预防问题复发。

第四，培养多功能的心理健康教育队伍。心理健康教育工作者应该既具备开展预防性教育的能力，也具备进行危机干预的技能。这就要求加强对心理健康教育工作者的培训，提高其综合能力。

第五，利用信息技术实现预防与干预的智能化管理。例如，可以建立学生心理健康大数据平台，通过数据分析及时发现高危学生，实现预防与干预的精准化。

第六，建立校内外合作网络。整合校内外的资源，如心理咨询中心、医院精神科、社区心理服务机构等，形成预防与干预的协作网络。

在实施整合策略时有几个方面需要特别注意。首先，要明确预防和干预的各自定位和相互关系，避免职责混淆。其次，要建立清晰的工作流程和转介机制，确保不同环节之间的顺畅衔接。再次，要注重信息的共享和保密，在保护学生隐私的同时确保必要信息的及时传递。最后，要定期评估整合策略的实施效果，并根据评估结果进行优化调整。

在大学环境中，预防与干预的整合还需要考虑到一些特殊因素，如如何在尊重学生自主权的同时实现有效的预防和干预、如何在有限的资源条件下实现预防和干预的平衡、如何处理学术压力和就业压力等特殊的大学生心理健康问题等，这些问题需要在实践中不断探索和创新。同时，也需要加强对大学生心理健康问题的研究，为预防与干预的整合提供科学依据。

四、特殊群体的心理健康关怀

在大学生心理健康教育中，教育工作者需要特别关注新生群体、毕业生群体、学业困难学生、家庭经济困难学生、少数民族学生、残障学生、留学生等特殊群体的心理健康需求。这些群体由于特殊的背景或处境，可能面临独特的心理健康挑战，因此需要采取有针对性的心理健康教育策略。

第一，开展针对性的心理健康教育项目。根据不同群体的特点和需求，设计专门的教育内容和形式。例如，为新生开展入学适应教育，为毕业生开展职业心理辅导等。

第二，提供个性化的心理咨询服务。针对特殊群体可能面临的特殊问题，提供专门的咨询服务。例如，为少数民族学生提供多语言的咨询服务，为残障学生提供无障碍的咨询环境等。

第三，建立朋辈支持系统。鼓励同类群体之间的互助，如组织学业困难学生互助小组、开展留学生“伙伴计划”等。

第四，整合多方资源。联合学校各部门、家庭、社会机构等，为特殊群体提供全方位的支持。例如，与就业指导中心合作为毕业生提供就业心理辅导，与残联合作为残障学生提供专业支持等。

第五，创造包容性环境。营造尊重差异、包容多元的校园文化氛围，减少特殊群体可能面临的歧视和偏见。

第六，加强教职工培训。提高教职工对特殊群体需求的认识和应对能力，使他们能够更好地支持这些学生。

第七，建立长效跟踪机制。对特殊群体进行长期跟踪，及时发现问题并提供持续的支持。

在关注特殊群体的同时，需要注意避免标签化和过度区分。心理健康教育的最终目标是促进所有学生的心理健康发展，创造一个平等、包容的教育环境。因此，在为特殊群体提供针对性服务的同时，也要注重他们与其他学生的融合，促进相互理解和支持。对于特殊群体的心理健康关怀还需要考虑一些特殊因素，如如何平衡特殊关怀和平等对待、如何在有限的资源条件下为特殊群体提供足够的支持、如何处理特殊群体的心理健康问题与其他问题（如学业问题、就业问题）之间的关系等，这些问题需要在实践中不断探索和创新。同时，也需要加强对特殊群体心理健康问题的研究，为政策制定和教育实践提供科学依据。

总的来说，预防为主与危机干预相结合的策略，以及对特殊群体的关注，共同构成了一个全面、系统的大学生心理健康教育体系。这个体系既关注一般学生的心理健康，又能及时应对严重的心理问题，既注重普遍性需求，又能满足特殊群体的独特需求，可以更好地实现大学生心理健康教育的目标，促进学生的全面发展和健康成长。然而，建立和完善这样一个体系并非一蹴而就，而是需要长期的努力和不断的创新。在未来的发展中，需要进一步加强理论研究，深化对大学生心理健康问题的认识；需要不断创新教育方法和技术，提高心理健康教育的有效性；需要加强队伍建设，提高心理健康教育工作者的专业水平；需要完善制度保障，为心理健康教育提供必要的支持和保障。只有这样，才能真正实现预防为主与危机干预相结合的策略，为大学生的心理健康发展创造良好的条件。

第三节　个别辅导与团体辅导的实施

一、个别辅导的理论基础与实施策略

个别辅导是大学生心理健康教育的一种重要辅导形式，是指辅导者与学生一对一进行的心理辅导活动。个别辅导的理论基础主要包括来访者中心理论、认知行为理论、精神分析理论等。来访者中心理论强调尊重来访者的主观体验，创造一个安全、接纳的氛围，促进来访者的自我探索和成长。认知行为理论则关注个体的认知过程对情绪和行为的影响，通过改变

不合理的认知来改善心理状态。精神分析理论关注个体的无意识过程，通过探索早期经历和潜意识冲突来解决心理问题。

在实施个别辅导时需要遵循以下策略。

第一，建立良好的辅导关系。这是个别辅导成功的基础，辅导者需要表现出真诚、尊重、同理心，创造一个安全、信任的辅导氛围。

第二，进行全面的评估。在辅导开始时，需要对学生的心理状况、问题性质、严重程度等进行全面评估，以制订适当的辅导计划。

第三，制定个性化的辅导目标和计划。根据评估结果和学生的需求，制定切实可行的辅导目标和计划。

第四，选择适当的辅导技术。根据学生的问题性质和个人特点，选择适合的辅导技术，如倾听、同理心反应、认知重构、行为练习等。

第五，注重过程和结果的评估。在辅导过程中，要及时评估辅导效果，并根据评估结果调整辅导策略。

第六，注意保密原则。个别辅导涉及学生的隐私，必须严格遵守保密原则，除非涉及学生或他人的安全。

在大学环境中，实施个别辅导还需要特别注意几个方面。首先，要考虑大学生的特殊性。大学生正处于自我认同形成的关键期，面临着学业、情感、就业等多方面的压力，辅导者需要了解这一年龄段的心理特点和发展任务，提供更有针对性的辅导。其次，要注意时间管理。大学生的学习生活往往比较忙碌，辅导者需要灵活安排辅导时间，并帮助学生在繁忙的学习生活中安排时间进行自我调节。最后，要注意与其他教育活动的结合。个别辅导不应该是孤立的活动，而应该与课堂教学、学生活动等其他教育形式相互配合，形成全方位的心理健康教育体系。

二、团体辅导的理论基础与实施策略

团体辅导是另一种重要的大学生心理健康教育形式，是指在团体情境中进行的有计划、有目的的心理辅导活动。团体辅导的理论基础主要包括团体动力学理论、社会学习理论、人际关系理论等。团体动力学理论关注团体内部的互动过程和力量平衡，为理解和引导团体发展提供了框架。社会学习理论强调通过观察和模仿学习新的行为，为理解团体成员之间的相互影响提供了理论依据。人际关系理论则强调人际互动在个体成长中的重要作用，为促进团体成员之间的有效沟通提供了指导。

在实施团体辅导时需要遵循以下策略。

第一，明确团体目标。根据学生的需求和问题特点，确定团体的主题和目标，团体目标应该是具体的、可测量的、可达成的。

第二，合理选择团体成员。根据团体目标和成员特点，选择适合的团体成员。团体成员的构成应该既有一定的同质性，又有适度的异质性，以促进有效的互动和学习。

第三，制订详细的团体计划。计划应该包括每次活动的主题、目标、内容、方法等，但也要保持一定的灵活性，以适应团体的实际发展。

第四，创造安全、支持的团体氛围。团体领导者需要建立团体规范，促进成员之间的信任和支持，创造一个安全、开放的交流环境。

第五，灵活运用团体技术。根据团体的发展阶段和成员的需求，灵活运用各种团体技术，如破冰活动、角色扮演、小组讨论、体验练习等。

第六，注重过程和结果的评估。定期评估团体的发展状况和成员的收获，并根据评估结果调整团体策略。

在大学环境中，实施团体辅导还需要特别注意几个方面。首先，要考虑大学生的群体特征。大学生群体普遍具有较强的独立性和批判性思维，团体活动的设计应该充分尊重他们的这些特点，鼓励他们主动参与和思考。其次，要注意团体活动与学生日常生活的联系。团体活动的内容和形式应该与学生的实际生活和需求相结合，避免过于抽象或脱离实际。再次，要注意保护学生的隐私。虽然团体活动强调开放和分享，但也要尊重学生的隐私权，不强迫学生分享不愿意公开的个人信息。最后，要注意团体活动的延续性。团体辅导不应该是一次性的活动，而应该有后续的跟进和支持，帮助学生将在团体中学到的知识和技能应用到日常生活中。

三、个别辅导与团体辅导的优势比较

个别辅导和团体辅导各有优势，在实际工作中应该根据具体情况灵活选择和结合使用。

个别辅导的主要优势包括：首先，可以提供更加个性化的辅导，辅导者可以根据学生的个人特点和需求，制订有针对性的辅导计划，并采用最适合的辅导策略；其次，可以深入探讨个人隐私问题，在一对一的情境中，学生可能更愿意讨论一些敏感或私密的问题；再次，可以提供更加集中和持续的关注，辅导者可以全神贯注地关注一个学生，对存在的问题进行深入探讨和持续跟踪；最后，可以更好地保护学生的隐私，个别辅导可以最大限度地保护学生的隐私，避免信息泄露的风险。

团体辅导的主要优势包括：首先，可以同时服务多个学生，提高辅导效率，在有限的时间和人力资源条件下，团体辅导可以惠及更多的学生；然后，可以利用团体动力促进个人成长，团体中的互动、支持和反馈可以为个人成长提供丰富的资源和动力；其次，可以提供社会学习的机会，学生可以通过观察和模仿其他成员的行为，学习新的应对策略和社交技能；再次，可以减少孤立感和异常感，在团体中，学生可以发现其他人也有类似的问题和困扰；最后，可以提供实践人际交往技能的机会，团体为学生提供了一个安全的环境，让他们可以尝试新的交往方式，提高社交能力。

在选择个别辅导还是团体辅导时需要考虑几个因素。首先，问题的性质和严重程度。对于一些严重的心理问题或高度私密的问题，个别辅导可能更为适合。而对于一些共性问题或需要社会支持的问题，团体辅导可能更有效。其次，学生的个人特点和偏好。有些学生可能更喜欢一对一的交流，而有些学生可能更喜欢在团体中分享和学习。再次，可用的资源和时间。在资源和时间有限的情况下，团体辅导可能是一个更经济实用的选择。最后，辅导目标的性质。如果目标是提高社交技能或增强社会支持，团体辅导可能更为适合，如果目标是深入探讨个人问题，则个别辅导可能更有效。

四、个别辅导与团体辅导的整合策略

在实际教育工作中，个别辅导和团体辅导并不是互相排斥的，而是可以相互补充、相互促进的。整合这两种辅导形式可以充分发挥它们各自的优势，提升心理健康教育的整体效果，整合策略主要包括以下几个方面。

第一，可以采用团体—个别—团体的模式。在这种模式中，首先进行团体辅导，帮助学生初步认识自己的问题，学习一些基本的心理健康知识

和技能。然后对有需求的学生进行个别辅导，深入探讨个人问题，提供更加个性化的帮助。最后再通过团体活动，巩固个别辅导的效果，促进学生将所学的知识和技能应用到实际生活中。

第二，可以在团体辅导中嵌入个别辅导。在团体活动过程中，辅导者可以根据需要，对某些成员进行简短的个别辅导。这种方式既保持了团体活动的连续性，又能满足个别成员的特殊需求。

第三，可以通过个别辅导筛选团体成员。通过初步的个别面谈，了解学生的问题性质和需求，然后将有相似问题或需求的学生组织到适当的团体中。这种方式可以提高团体成员的同质性，增加团体辅导的针对性和有效性。

第四，可以将个别辅导作为团体辅导的补充。对于在团体中表现出特殊需求或问题的成员，可以安排额外的个别辅导，以提供更加深入和个性化的帮助。

第五，可以通过个别辅导跟进团体辅导的效果。在团体活动结束后，可以通过个别辅导了解学生的收获和变化，帮助他们将在团体中学到的知识和技能应用到实际生活中。

第六，可以建立灵活的转介机制。根据学生问题的变化和需求的转变，可以在个别辅导和团体辅导之间进行灵活转换。例如，当发现个别辅导中的学生可能从团体互动中受益时，可以建议其参加适当的团体活动；当发现团体成员需要更深入的个人辅导时，可以及时安排个别辅导。

在实施个别辅导与团体辅导的整合策略时还需要特别注意几个方面。首先，要保持辅导的连贯性。无论是从个别辅导转到团体辅导，还是从团体辅导转到个别辅导，都要确保辅导内容和目标的一致性。其次，要尊重学生的意愿。在进行辅导形式的转换时，应该充分尊重学生的意愿，不强迫学生接受不愿意的辅导形式。再次，要注意信息的保密。在进行辅导形式转换时，要特别注意保护学生的隐私，尤其注意不在团体中泄露个别辅导的内容。最后，要加强辅导者之间的沟通。如果个别辅导和团体辅导由不同的辅导者负责，那么他们之间需要保持良好的沟通，确保辅导工作的协调一致。

第四节　心理健康教育课程的设计与教学

一、心理健康教育课程的理论基础

心理健康教育课程的设计和教学应建立在坚实的理论基础之上，这些理论不仅包括心理学理论，还涉及教育学、课程论等多个学科领域的理论。从心理学的角度来看，心理健康教育课程应该以发展心理学、积极心理学、认知心理学等理论为基础。发展心理学理论为理解大学生的心理发展特点和需求提供了框架。例如，埃里克森的心理社会发展理论指出，大学生正处于"亲密对孤独"的发展阶段，面临着建立亲密关系的任务。因此，课程设计应该关注人际关系、情感发展等主题。积极心理学理论强调关注个体的积极品质和潜能，这为心理健康教育课程提供了新的视角。课程内容不应仅限于心理问题的预防和解决，还应该包括如何培养积极情绪、发展个人优势等内容。认知心理学理论则为理解学生的学习过程提供了指导，有助于设计更有效的教学方法。从教育学的角度来看，建构主义学习理论、体验式学习理论等对心理健康教育课程的设计和教学有重要启示。建构主义学习理论强调学习者在知识建构过程中的主动作用，这提醒课程设计者在课程设计中应该重视学生的主动参与和反思。体验式学习理论强调通过直接经验和反思来促进学习，这为心理健康教育课程的教学方法提供了重要指导。从课程论的角度来看，泰勒原理、隐性课程理论等对心理健康教育课程的设计有重要影响。泰勒原理强调课程设计应该包括目标确定、内容选择、组织方式和评价方法等4个基本步骤，这为心理健康教育课程的系统设计提供了框架。隐性课程理论则强调除了显性的课程内容外，课堂氛围、教师态度等隐性因素也会对学生的心理健康产生重要影响。此外，系统理论、生态系统理论等也为心理健康教育课程的设计提供了宏观视角。这些理论强调个体与环境的相互作用，提醒课程设计者在课程设计中应该考虑学校、家庭、社会等多个系统的影响。

基于上述理论基础，心理健康教育课程的设计应该遵循发展性、整体性、实践性、个性化、系统性和开放性等原则。这些原则的贯彻落实，需要课程设计者和教学者深入理解相关理论，并在实践中不断探索和创新。

二、心理健康教育课程的内容设计

心理健康教育课程的内容设计应该以促进学生的心理健康和全面发展为目标，涵盖心理健康的各个方面。基于前文的理论基础和设计原则，课程内容应该包括心理健康基础知识、自我认知与发展、情绪管理、人际关系与沟通、学习与认知发展、生活适应与危机应对、积极心理与幸福感、特殊群体的心理健康等主要模块。心理健康基础知识模块旨在帮助学生了解心理健康的基本概念、标准和影响因素。自我认知与发展模块旨在促进学生的自我了解和个人成长。情绪管理模块旨在提高学生的情绪调节能力。人际关系与沟通模块旨在提高学生的社交能力。学习与认知发展模块旨在促进学生的学习效能和认知发展。生活适应与危机应对模块旨在提高学生的生活适应能力和危机应对能力。积极心理与幸福感模块旨在培养学生的积极心理品质和提高幸福感。特殊群体的心理健康模块旨在关注特殊群体的心理健康需求。

在设计上述内容时需要特别注意几个方面。首先，内容的选择应该基于科学的需求评估。可以通过问卷调查、访谈等方式，了解学生的实际需求和兴趣，确保课程内容的针对性和实用性。然后，内容的组织应该遵循逻辑性和系统性原则。各个模块之间应该有明确的联系，形成一个有机的整体。可以采用螺旋式结构，使基本概念在不同层次上重复出现、不断深化。其次，内容的呈现应该考虑学生的认知特点和接受能力。可以采用案例分析、情景模拟等方式，使抽象的理论概念具体化、生动化。再次，内容设计应该具有一定的开放性和灵活性。可以预留一些自选主题或讨论时间，允许根据学生的反馈和社会热点问题适时调整内容。最后，内容设计应该注重理论与实践的结合。每个主题都应该包含理论讲解和实践活动两个部分，确保学生能够将所学的知识和技能应用到实际生活中。

通过全面而系统的内容设计，可以为学生提供丰富的心理健康知识和技能，帮助他们更好地应对生活挑战，促进个人的成长和发展。

三、心理健康教育课程的教学方法

心理健康教育课程的特殊性决定了其教学方法应该具有高度的互动性、体验性和实践性，主要包括讲授法、小组讨论法、角色扮演法、体验式学习法、案例分析法、项目学习法、反思日志法、同伴教育法、线上线下混合教学法等教学方法。虽然不应过度依赖讲授法，但其仍然是传授基本理论知识的重要方法。在使用讲授法时，应注意使用通俗易懂的语言，结合具体案例和生活实例，配合使用多媒体技术，并鼓励学生提问和讨论。小组讨论法可以促进学生的主动参与和深度思考，可以采用头脑风暴、案例讨论、辩论、圆桌讨论等形式。角色扮演法可以帮助学生将理论知识转化为实际技能，可以设计各种情景，如模拟咨询情景、人际冲突情景、压力情景等。体验式学习法强调通过直接经验来学习，可以采用心理游戏、心理实验、冥想和正念练习、艺术疗法等方式。案例分析法通过分析真实或虚构的心理健康案例，培养学生的分析能力和问题解决能力。项目学习法是让学生以小组形式完成一个与心理健康相关的项目，如设计一个心理健康宣传活动、进行一项小型的心理健康调查研究等。反思日志法鼓励学生定期记录自己的心理状态、情绪变化、生活事件等，并进行反思。同伴教育法是培训一些学生成为心理健康教育的同伴教育者，并让他们参与到课程教学中。线上线下混合教学法是结合面对面课堂教学和在线学习，可以包括在线视频课程、在线讨论论坛、心理健康应用程序和虚拟现实技术的应用等。

在选择和运用上述教学方法时需要特别注意几个方面。首先，教学方法的选择应该根据教学内容和目标来确定。不同的教学内容和目标可能适合不同的教学方法。然后，应该考虑学生的特点和需求。例如，有些学生可能更喜欢互动性强的教学方法，而有些学生可能更喜欢自主学习。其次，应该注意教学方法的多样化和灵活运用。单一的教学方法容易使学生感到枯燥，应该根据具体情况灵活组合不同的教学方法。再次，在使用一些可能涉及个人隐私或敏感话题的教学方法时（如角色扮演、体验式学习），要特别注意保护学生的隐私和心理安全。最后，教学方法的使用应该注重实效性。应该定期评估各种教学方法的教学效果，并根据评估结果进行调整和改进。

通过多样化、互动性强的教学方法，可以提高学生的学习兴趣和参与度，促进他们更好地理解和内化心理健康知识，并提高实际应用能力。

四、心理健康教育课程的评价与实施

心理健康教育课程的评价是一个复杂的过程，不仅要评估学生的知识掌握程度，更要关注学生心理素质和能力的提升。因此，评价方法应该是多元化的，既包括传统的评价方法，也包括一些创新的评价方法，这些方法主要有知识测试、心理测评、课堂表现评价、作业评价、项目评价、同伴评价、自我评价、行为观察、访谈评价、长期追踪评价等。知识测试可以采用选择题、简答题、案例分析题等形式，评估学生对基本理论和概念的掌握程度。心理测评可以使用标准化的心理测量工具，评估学生的心理健康状况和相关能力。课堂表现评价可以通过观察学生在课堂上的表现，评估其参与度和能力表现。作业评价可以通过布置与课程内容相关的作业，评估学生的理解和应用能力。项目评价可以评估学生完成心理健康相关项目的表现。同伴评价是让学生相互评价，这样不仅可以从不同角度评估学生的表现，还可以培养学生的批评性思维和评价能力。自我评价是鼓励学生对自己进行评价，可以促进学生的自我认知和反思能力。行为观察通过观察学生的日常行为变化，评估课程的实际效果。访谈评价通过个别或小组访谈，深入了解学生的学习体验和收获。长期追踪评价是在课程结束后的一段时间进行追踪评价，了解课程的长期效果。在实施上述评价方法时，需要注意评价的全面性、持续性、多元性、发展性，并注意保护学生的隐私和心理安全。

心理健康教育课程的有效实施需要系统的策略和周密的安排，这些策略主要包括明确课程定位、加强师资培训、合理安排课程、提供资源支持、加强跨部门合作、组织相关课外活动、提供个性化辅导、定期评估课程效果、持续改进课程、鼓励教学创新和研究等。在课程定位方面，需要明确课程的性质和地位，心理健康教育课程可以作为必修课、选修课或通识课程。师资培训方面，可以通过组织专题培训讲座、鼓励参加相关学术会议、开展教学研讨活动、建立教师指导系统等方式提高教师的专业能力。课程安排应考虑将课程安排在学生心理压力相对较大的时期，选择有利于开展互动和体验活动的教室，考虑线上线下混合教学模式等。资源支持包括提供必要的教学资源和设备，如心理健康教育教材和参考书、心理测量工具、多媒体教学设备等。跨部门合作方面，可以与学生工作部门、心理咨询中心、医务室、就业指导中心等部门合作。课外活动可以包括心理健康主题讲座、心理电影放映会、心理健康主题社团、心理健康宣传周等。个性化辅导可以为有特殊需求的学生提供一对一咨询、小组辅导、有针对性的心理健康工作坊等。在实施上述策略时需要遵循循序渐进的原则，注重因地制宜，重视学生的反馈，注意与学校的整体教育目标相协调，并保持开放和创新的态度。

通过实施上述策略，可以确保心理健康教育课程的有效开展，真正达到提升学生心理健康水平的目标。

第四章　大学生心理健康教育的途径与载体

第一节　构建心理健康教育工作体系

一、心理健康教育工作体系的重要性

构建系统、全面的心理健康教育工作体系对于有效开展大学生心理健康教育工作具有重要意义。

第一，系统的工作体系能够确保心理健康教育工作的全面性和连续性。大学生心理健康教育是一项复杂的系统工程，涉及多个层面和环节，需要多方力量的协同配合。通过建立完善的工作体系，可以明确各个部门和人员的职责，协调各方资源，形成合力，确保心理健康教育工作能够贯穿学生在校学习的整个过程，覆盖学生生活的各个方面。例如，通过建立从新生入学到毕业的全程心理健康教育体系，可以在不同阶段有针对性地开展心理健康教育活动，满足学生在不同时期的心理发展需求。同时，系统的工作体系还能够保证心理健康教育工作的持续性和稳定性，避免出现工作断层或重复。

第二，完善的工作体系有助于提高心理健康教育工作的针对性和有效性。通过建立科学的评估机制和反馈系统，可以及时了解学生的心理健康状况和需求，有针对性地制定教育策略和实施方案。例如，可以通过定期开展心理健康普查，建立学生心理健康档案，为开展个性化的心理健康教育提供依据。同时，完善的工作体系还能够促进各种教育资源的整合和优

化配置，提高资源利用效率。通过建立多层次、多形式的心理健康教育载体，如课堂教学、个别咨询、团体辅导、主题活动等，可以满足不同学生的多样化需求，提高教育工作的覆盖面和影响力。

第三，健全的工作体系能够增强心理健康教育工作的预防和干预能力。大学生心理健康问题具有复杂性和潜在性，需要建立多层次的预防和干预机制。通过构建完善的工作体系，可以形成从普遍预防到重点干预的连续性服务模式，既注重培养学生的心理素质和应对能力，又能及时发现和处理心理问题，防范心理危机。例如，可以建立由普及教育、咨询辅导、危机干预构成的三级防控体系，既面向全体学生开展心理健康教育，又能为有需求的学生提供及时的帮助和支持。

第四，系统的工作体系有助于提升心理健康教育工作的专业化水平。心理健康教育是一项专业性较强的工作，需要建立规范的工作流程和标准。通过构建系统的工作体系，可以明确工作规范，建立质量评估和监督机制，促进心理健康教育工作的科学化、规范化发展。例如，可以制定心理咨询、危机干预等工作的操作规程，建立督导制度，确保工作质量和安全。同时，系统的工作体系还能够为心理健康教育工作者提供清晰的职业发展路径和培训体系，促进队伍专业化建设。

第五，完善的工作体系能够增强心理健康教育工作的可持续发展能力。心理健康教育是一项长期性工作，需要建立长效机制。通过构建完善的工作体系，可以将心理健康教育工作纳入学校的整体发展规划，建立稳定的组织保障和资源保障机制，确保工作的持续推进和不断深化。例如，可以将心理健康教育工作纳入学校年度工作计划和考核体系，设立专项经费，保证工作的稳定开展。同时，完善的工作体系还能够促进经验积累和创新，通过建立研究机制和交流平台，不断总结实践经验，探索新的工作方法和模式。

综上所述，构建系统、全面的心理健康教育工作体系对于提高大学生心理健康教育工作的质量和效果具有重要意义，不仅能够确保工作的全面性、连续性和有效性，还能增强预防和干预能力，提升专业化水平，促进可持续发展。因此，高校应当高度重视心理健康教育工作体系的建设，从组织架构、制度建设、资源配置、工作机制等多个方面进行系统规划和设计，努力构建符合本校实际情况的心理健康教育工作体系。这不仅是提高心理健康教育工作质量的需要，也是促进学生全面发展、提升高等教育质量的重要保障。在具体实施的过程中，还需要注意工作体系的灵活性和适应性，要根据学校的实际情况和学生需求的变化及时调整和完善，确保工作体系的持续有效性。同时，还应当注重工作体系的开放性和包容性，要积极吸收和借鉴国内外先进经验，不断创新工作方法和模式，推动心理健康教育工作的不断发展和进步。

二、心理健康教育工作体系的基本架构

心理健康教育工作体系的基本架构是确保心理健康教育工作有效开展的组织基础和制度保障。一个完善的心理健康教育工作体系应当包含组织领导体系、工作实施体系、服务支持体系和评估反馈体系，这些子系统相互关联、相互支撑，共同构成一个有机整体，为大学生心理健康教育工作的开展提供全方位的保障。

第一，组织领导体系是心理健康教育工作体系的核心，它确保了工作的统一性和权威性，通常包括学校层面的领导机构和工作机构。在学校层面，可以成立由校长或分管校长担任组长的心理健康教育工作领导小组，负责制定工作方针、政策和总体规划，协调各部门关系，解决重大问题。在具体工作层面，可以设立专门的心理健康教育中心或心理咨询中心，作为学校心理健康教育工作的专业机构，负责日常工作的组织和实施。同时，还应当建立由学生工作部门、教务部门、后勤部门等相关职能部门参与的工作协调机制，形成全校联动的工作格局。此外，在院系层面也应当建立相应的工作机构，如院系心理工作小组，负责本院系心理健康教育工作的具体落实。这种多层次、网络化的组织架构能够确保心理健康教育工作的全面覆盖和有效推进。

第二，工作实施体系是心理健康教育工作体系的执行层，它规定了具体的工作内容和实施方式，通常包括教育、咨询、预防、干预等多个方面。在教育方面，可以建立由公共必修课、选修课、专题讲座等构成的课程体系，系统传授心理健康知识。在咨询方面，可以提供个别咨询、团体辅导、网络咨询等多种形式的咨询服务，满足学生的不同需求。在预防方面，可

以建立心理健康普查、心理档案管理、心理危机预警等机制，及早发现和预防问题。在干预方面，可以建立危机干预、转介服务等工作机制，及时处理严重的心理问题。这种多层次、多形式的工作实施体系能够确保心理健康教育工作的全面性和有效性。

第三，服务支持体系是心理健康教育工作体系的保障层，它为工作的开展提供必要的资源和条件，通常包括人力资源、物质资源和制度资源等3个方面。在人力资源方面，应当建立专兼职结合的工作队伍，包括专职心理教师、兼职心理咨询师、辅导员、朋辈辅导员等，并建立相应的培训和考核机制。在物质资源方面，应当提供必要的工作场所和设备，如心理咨询室、团体辅导室、心理测评室等，并配备相应的设备和材料。在制度资源方面，应当制定相关的工作制度和规范，如心理健康教育工作条例、心理咨询工作规范、危机干预工作流程等，为工作的开展提供制度保障。这种多元化的服务支持体系能够为心理健康教育工作提供坚实的后盾。

第四，评估反馈体系是心理健康教育工作体系的调节层，它通过持续的评估和反馈，促进工作的不断改进和优化，通常包括工作评估、效果评估和需求评估等3个方面。工作评估主要针对心理健康教育工作的开展情况进行评估，包括工作量、工作质量、工作效率等方面。效果评估主要针对心理健康教育工作的实际效果进行评估，包括学生心理健康水平的变化、心理问题的改善情况等。需求评估主要针对学生的心理健康需求进行评估，包括心理健康状况、心理服务需求等。这种多维度的评估反馈体系可以及时发现工作中的问题和不足，了解学生的实际需求，为工作的改进和创新提供依据。

上述4个子系统相互关联、相互支撑，共同构成了一个完整的心理健康教育工作体系。组织领导体系为整个工作提供方向指引和组织保障，工作实施体系确保各项工作的具体落实，服务支持体系提供必要的资源和条件，评估反馈体系则促进工作的持续改进和优化。这种系统化、结构化的工作体系能够确保心理健康教育工作的全面性、连续性和有效性，为大学生心理健康教育工作的深入开展提供强有力的支撑。

在构建心理健康教育工作体系时，还需要注意几个关键点。

第一，要注重体系的整体性和系统性。各个子系统之间应当有机衔接，相互协调，避免出现割裂或冲突。例如，组织领导体系制定的工作方针和政策应当能够在工作实施体系中得到具体落实，服务支持体系应当能够为工作实施提供必要的保障，评估反馈体系的结果应当能够及时反馈到其他子系统，促进工作的改进。

第二，要注重体系的灵活性和适应性。心理健康教育工作体系应当能够根据学校的实际情况和学生需求的变化进行适当调整和优化。例如，可以根据学生心理问题的新特点，及时调整工作重点和方法；根据新技术的发展，引入新的工作手段和工具；根据社会需求的变化，调整人才培养的目标和内容。

第三，要注重体系的开放性和包容性。心理健康教育工作体系应当能够吸收和借鉴其他学科、其他领域的先进理念和方法，不断进行丰富和完善。例如，可以借鉴管理学的理念优化组织结构，可以借鉴教育技术的方法创新教育形式，可以借鉴社会工作的模式拓展服务范围。

第四，要注重体系的可操作性和可持续性。心理健康教育工作体系应当切实可行，能够在实际工作中得到有效执行，并能够持续运行和发展。这就要求在设计体系时，既要有前瞻性和理想性，又要考虑现实条件和可能遇到的困难，做到既有目标导向又脚踏实地。

第五，要注重体系的特色化和创新性。每所高校都有其独特的历史传统、文化特色和发展定位，心理健康教育工作体系的构建应当能够体现学校的特色，形成自己的品牌和亮点。这不仅有利于提升工作效果，还能增强学校的竞争力和影响力。

总的来说，构建科学、完善的心理健康教育工作体系是一项复杂而系统的工程，需要学校领导的高度重视和全校上下的共同努力。这不仅需要前期的充分调研和科学设计，还需要在实施的过程中不断总结经验、改进不足。只有建立起符合学校实际、满足学生需求、富有特色创新的心理健康教育工作体系，才能真正提高心理健康教育工作的质量和效果，才能为培养全面发展的高素质人才提供有力保障。

三、心理健康教育工作体系的运行机制

心理健康教育工作体系的运行机制是确保整个体系有效运转的关键。

一个良好的运行机制应当能够协调各个子系统的工作，保证信息的畅通和资源的有效配置，从而实现心理健康教育工作的整体目标。具体来说，心理健康教育工作体系的运行机制应当包括以下几个方面。

第一，决策机制是整个运行机制的核心。决策机制主要由组织领导体系负责，通过定期召开工作会议、讨论重大问题、制订工作计划等方式来实现。决策机制应当能够及时响应学生需求和社会变化，制定符合实际的工作方针和策略。例如，可以建立年度工作计划制度，每学年伊始召开工作部署会，明确年度工作重点和目标；可以建立重大事项决策制度，对涉及全局的重大问题进行集体讨论和决策；可以建立专家咨询制度，在制定重要政策时听取专家意见。决策机制的有效运行能够确保心理健康教育工作的方向性和前瞻性。

第二，协调机制是运行机制的重要组成部分。协调机制主要负责协调各个部门和各个层面的工作，确保工作的统一性和连贯性。协调机制可以通过定期召开工作协调会、建立联络员制度、设立协调小组等方式来实现。例如，可以建立由学生工作部门、教务部门、后勤部门等相关部门参加的工作协调会制度，定期交流工作情况，协调解决问题；可以在各院系设立心理健康教育工作联络员，负责学校和院系之间的信息沟通和工作协调；可以针对特定项目或问题设立专门的协调小组，统筹相关工作。协调机制的有效运行能够确保心理健康教育工作的整体性和协同性。

第三，执行机制是运行机制的具体实施层。执行机制主要由工作实施体系负责，通过制订具体的工作计划、落实各项工作任务、开展各种活动等方式来实现。执行机制应当能够将上级决策和工作部署转化为具体的行动，确保各项工作的有效开展。例如，可以建立工作责任制，明确各部门和人员的工作职责；可以建立工作例会制度，定期检查工作进展，解决实际问题；可以建立项目管理制度，对重点工作实行项目化管理。执行机制的有效运行能够确保心理健康教育工作的落实性和实效性。

第四，监督机制是运行机制的重要保障。监督机制主要由评估反馈体系负责，通过开展工作督查、效果评估、满意度调查等方式来实现。监督机制应当能够及时发现工作中存在的问题和不足，提出改进建议，促进工作质量的提升。例如，可以建立定期检查制度，对各单位的工作开展情况进行检查和评估；可以建立学生反馈制度，通过问卷调查、座谈会等方式了解学生的需求和意见；可以建立第三方评估制度，邀请外部专家对工作进行独立评估。监督机制的有效运行能够确保心理健康教育工作的规范性和质量。

第五，激励机制是运行机制的重要动力。激励机制主要通过建立奖惩制度、职业发展通道、专业培训体系等方式来实现。激励机制应当能够调动工作人员的积极性和创造性，促进工作质量的提升。例如，可以建立工作考核制度，将心理健康教育工作纳入部门和个人考核；可以评选优秀工作者，表彰先进典型；可以建立职业发展通道，为心理健康教育工作者提供晋升机会；可以建立专业培训体系，提供继续教育和能力提升的机会。激励机制的有效运行能够确保心理健康教育工作的持续性和创新性。

上述机制相互关联、相互支撑，共同构成了心理健康教育工作体系的运行机制。决策机制提供方向指引，协调机制确保整体协同，执行机制落实具体工作，监督机制保障工作质量，激励机制提供持续动力。通过这些机制的有效运行，可以确保心理健康教育工作体系的各个部分协调一致、高效运转，从而实现整体工作目标。

总的来说，建立科学、高效的运行机制是心理健康教育工作体系充分发挥作用的关键。只有各个机制协调运转、相互促进，才能确保整个工作体系的有效运行，从而实现心理健康教育工作的预期目标。同时，运行机制也需要根据实际情况不断优化和完善，以适应不断变化的需求和挑战。

第二节　加强心理健康教育队伍建设

一、心理健康教育队伍建设的重要性

心理健康教育队伍建设是开展大学生心理健康教育工作的人力资源基础，其重要性不言而喻。一支高素质、专业化的心理健康教育队伍是确保心理健康教育工作质量和效果的关键因素。

第一，心理健康教育工作具有较强的专业性和复杂性，需要工作人员具备扎实的专业知识和技能。大学生心理健康问题涉及心理学、教育学、社会学等多个学科领域，具有多样性和复杂性。只有建立一支专业素质高、实践能力强的教育队伍，才能有效应对各种心理问题，为学生提供高质量的心理健康教育和服务。例如，在进行心理咨询时，专业的咨询师能够准确识别学生的心理问题，运用恰当的咨询技术，帮助学生有效解决问题。而缺乏专业训练的人员可能会误判问题，甚至给出不当的建议，对学生造成负面影响。

第二，心理健康教育工作需要持续性和系统性，这就要求建立一支稳定的、专职的工作队伍。心理健康教育不是一蹴而就的工作，需要长期的努力和积累。一支稳定的工作队伍能够保证工作的连续性，能够积累经验，不断提高工作质量。例如，长期从事心理健康教育工作的教师能够更好地了解学生的心理特点和需求，制定更有针对性的教育方案，开展更有效的教育活动。相反，如果工作人员频繁更换，就难以形成工作经验的积累和传承，从而影响工作效果。

第三，心理健康教育工作涉及学生隐私和敏感问题，需要工作人员具备良好的职业道德和心理素质。心理健康教育工作经常会接触到学生的隐私信息和敏感问题，这就要求教育工作者具有高度的职业道德，能够严格保守秘密，尊重学生隐私。同时，面对学生的各种心理问题和负面情绪，教育工作者还需要有良好的心理素质，能够保持情绪稳定，不被学生的问题所影响。只有通过系统的队伍建设，才能培养出具备上述素质的工作人员。

第四，心理健康教育工作需要与时俱进，不断创新，这就要求建立一支具有学习能力和创新精神的工作队伍。当代大学生的心理特点和需求在不断变化，社会环境也在快速发展，这就要求心理健康教育工作不断更新理念和方法。一支具有学习能力和创新精神的工作队伍能够及时吸收新知识、新技术，创新工作方法，提升工作效果。例如，在肺炎疫情期间，许多高校的心理健康教育工作者迅速学习和掌握了网络心理咨询技术，为学生提供了及时的心理支持。

第五，心理健康教育工作需要全员参与，这就要求建立一支多层次、多类型的工作队伍。大学生心理健康教育不仅是专职心理教师的工作，还需要辅导员、任课教师、学生干部等多方面的参与。因此，需要建立一支包括专职心理教师、兼职心理咨询师、辅导员、任课教师、学生朋辈辅导员等在内的多层次工作队伍，形成全员育人的工作格局。例如，专职心理教师负责专业的心理咨询和教育工作，辅导员负责日常的心理健康观察和初步干预，任课教师在课堂教学中融入心理健康教育元素，学生朋辈辅导员则发挥辅助支持的作用。只有建立这样一支多层次的工作队伍，才能实现心理健康教育工作的全面覆盖和深入开展。

综上所述，加强心理健康教育队伍建设对于提高大学生心理健康教育工作的质量和效果具有重要意义，不仅是确保工作专业性和持续性的基础，也是推动工作创新发展的动力。因此，高校应当将心理健康教育队伍建设作为一项重要工作，投入必要的资源，采取有效措施，努力建设一支数量充足、结构合理、素质优良的心理健康教育工作队伍。这不仅是提高心理健康教育工作质量的需要，也是促进学生全面发展、提升高等教育质量的重要保障。

二、心理健康教育队伍的构成

心理健康教育队伍的构成应当是多层次、多类型的，以满足大学生心理健康教育工作的多样化需求。一个完整的心理健康教育队伍通常包括专职心理教师、兼职心理咨询师、辅导员、任课教师和学生朋辈辅导员，这种多元化的队伍构成能够确保心理健康教育工作的全面性和专业性。

第一，专职心理教师是心理健康教育队伍的核心力量。他们通常具有心理学或相关专业的教育背景，接受过专业的心理咨询培训，具备开展心理健康教育和心理咨询的专业能力。专职心理教师的主要工作包括开设心理健康教育课程、为学生提供个别心理咨询和团体辅导、开展心理健康普查和评估、处理心理危机事件、组织各类心理健康教育活动等。例如，专职心理教师可以根据学生的心理发展特点和需求，设计和开设如大学生心理健康、人际关系与沟通等课程；可以为有心理困扰的学生提供一对一的心理咨询服务；可以组织心理健康主题讲座、心理电影放映等活动，普及心理健康知识。专职心理教师的数量和质量直接影响着心理健康教育工作的专业水平和服务能力。

第二，兼职心理咨询师是心理健康教育队伍的重要补充。他们可能是学校其他部门的教师，或者是校外的专业心理咨询师，具有心理咨询的专业资格和实践经验。兼职心理咨询师主要参与个别心理咨询、团体辅导等工作，可以弥补专职心理教师数量不足的问题，同时也能带来多样化的专业视角和实践经验。例如，可以邀请临床心理学专家来学校开展心理咨询工作，为学生提供更专业的心理健康服务；也可以聘请企业人力资源专家开展职业生涯规划咨询，帮助学生更好地进行职业定位和规划。

第三，辅导员是心理健康教育队伍中不可或缺的一部分。作为与学生接触最多、最直接的教育工作者，辅导员在大学生心理健康教育中扮演着重要角色。他们的主要工作包括日常心理健康观察、初步心理问题识别和干预、心理危机的早期发现和报告、组织开展各类心理健康教育活动等。例如，辅导员可以通过日常接触和交流，及时发现学生的心理问题；可以组织班级心理健康主题班会，培养学生的心理健康意识；可以在学生遇到困难时提供初步的心理支持和指导。为了更好地履行上述职责，辅导员需要接受一定的心理健康教育培训，掌握基本的心理健康知识和技能。

第四，任课教师也是心理健康教育队伍的重要组成部分。虽然他们的主要工作是专业课程教学，但在日常教学过程中也可以融入心理健康教育的内容，发挥课堂教学在心理健康教育中的作用。例如，在讲授专业知识时，可以结合学生的心理特点，适当引入心理健康教育的元素；可以通过合理设置教学环节，培养学生的心理素质；可以在与学生的互动中关注学生的心理状态，提供必要的心理支持。为此，任课教师也需要接受一定的心理健康教育培训，提高心理健康意识和基本技能。

第五，学生朋辈辅导员是心理健康教育队伍中一股独特而重要的力量。他们是经过选拔和培训的学生骨干，可以在同伴中开展心理健康教育和辅导工作。学生朋辈辅导员的主要工作包括组织开展各类心理健康教育活动、协助发现和报告心理问题等。例如，学生朋辈辅导员可以组织心理健康主题社团活动，营造积极向上的校园文化氛围；可以为有需要的同学提供倾听和支持，发挥朋辈辅导的优势；可以协助心理健康教育中心开展各项工作，如协助组织心理健康普查等。学生朋辈辅导员的优势在于他们与其他学生年龄相近、经历相似，更容易获得同伴的信任和接纳，在某些方面能够发挥专业心理工作者难以替代的作用。

这种多层次、多类型的队伍构成形成了一个完整的心理健康教育网络，能够从不同角度、不同层面对学生进行全方位的心理健康教育和服务。专职心理教师提供专业的心理健康教育和咨询服务，兼职心理咨询师补充专业力量，辅导员负责日常的心理健康观察和初步干预，任课教师在课堂教学中融入心理健康教育元素，学生朋辈辅导员则发挥辅助支持的作用。这种多元化的队伍构成不仅能够满足不同学生的多样化需求，也能够实现心理健康教育工作的全面覆盖和深入开展。

三、心理健康教育队伍的培养与发展

心理健康教育队伍的培养与发展是一个系统、持续的过程，需要从多个方面进行规划和实施，不仅涉及队伍成员个人的专业成长，也包括整个队伍的整体建设和发展，以下是心理健康教育队伍培养与发展的几个主要方面。

第一，专业知识和技能的培训是队伍培养的基础。针对不同类型的队伍成员，应当制订有针对性的培训计划。对于专职心理教师，可以提供高级心理咨询技术、心理测评、危机干预等方面的专业培训；对于辅导员和任课教师，可以提供基础的心理学知识、心理健康教育方法、心理问题识别等方面的培训；对于学生朋辈辅导员，可以提供基本的倾听技巧、同伴支持方法等培训。培训可以采取多种形式，如专题讲座、案例研讨、技能训练、角色扮演等。例如，可以邀请知名心理学专家开设系列讲座，组织心理咨询技能实践工作坊，开展模拟心理危机干预演练等。此外，还可以鼓励队伍成员参加校外的专业培训和学术交流活动，拓宽视野，提升专业水平。

第二，实践经验的积累是队伍发展的关键。心理健康教育工作的专业性很强，需要通过大量的实践来积累经验，提高工作能力。积累实践经验的方式主要包括：一是提供实践机会，如安排新入职的心理教师参与个别咨询、团体辅导等工作，让辅导员参与心理健康教育活动的组织和实施；二是建立经验交流机制，如定期组织案例讨论会，让有经验的成员分享工作经验；三是建立督导制度，由资深的心理教师对新入职的心理教师进行指导和监督，帮助其提高实践能力；四是鼓励开展行动研究，将工作中遇到的问题转化为研究课题，通过研究来提升实践能力。

第三，职业发展通道的建立是队伍稳定的保障。心理健康教育工作需要长期的积累和专注，因此需要为队伍成员提供清晰的职业发展前景。为此可以从以下几个方面着手：一是建立专业职称评定体系，为心理健康教育工作者提供职称晋升通道；二是设立专门的岗位，如心理健康教育中心主任、首席心理咨询师等，为队伍成员提供管理岗位的发展机会；三是建立激励机制，如评选优秀心理健康教育工作者，提供进修、交流的机会等；四是提供继续教育的支持，如资助队伍成员攻读更高学位、参加高级培训等。通过上述措施，可以增强队伍成员的职业认同感和工作积极性，促进队伍的稳定发展。

第四，团队建设是队伍发展的重要内容。心理健康教育工作需要多方面的协作，因此需要建设一个团结协作、互相支持的团队。为此可以通过以下方式加强团队建设：一是建立定期的团队会议制度，促进信息交流和工作协调；二是组织团队建设活动，如团队拓展训练、文化活动等，增强团队凝聚力；三是建立团队合作机制，如鼓励跨部门、跨专业的合作项目，促进不同背景成员间的协作；四是营造良好的团队氛围，鼓励形成互帮互助、共同成长的文化。

第五，科研能力的提升是队伍发展的动力。心理健康教育工作需要不断创新和发展，而科研能力的提升可以为这种创新和发展提供理论支撑和方法指导。为此可以从以下几个方面着手：一是鼓励队伍成员参与科研项目，如申请校级、省级的心理健康教育研究项目；二是支持队伍成员发表学术论文、参加学术会议；三是组织研究小组，定期开展学术讨论和研究；四是建立与其他高校、研究机构的合作关系，开展联合研究。通过上述措施，可以提高队伍的科研能力，促进工作的理论化、科学化。

在实施上述培养与发展措施时还需要注意几个方面。首先，要坚持长期性和系统性原则。队伍的培养与发展是一个长期的过程，需要持续投入和系统规划。其次，要注重个性化和差异化。不同类型、不同层次的队伍成员有不同的培养需求，应当制订个性化的发展计划。再次，要重视理论与实践的结合。既要注重专业知识的学习，也要强调实践能力的培养。最后，要关注队伍成员的心理健康。心理健康教育工作者自身的心理健康状况直接影响着工作效果，因此要为队伍成员提供必要的心理支持和关怀。

总的来说，心理健康教育队伍的培养与发展是一项系统工程，需要从专业培训、实践积累、职业发展、团队建设、科研能力等多个方面进行全面规划和实施。只有建立一支专业素质高、实践能力强、发展前景好、团队协作佳、创新能力强的心理健康教育队伍，才能真正提高大学生心理健康教育工作的质量和效果，从而为学生的全面发展提供有力支持。

四、心理健康教育队伍管理的策略

心理健康教育队伍的有效管理是确保队伍健康发展、充分发挥作用的关键。科学的管理策略可以激发队伍成员的工作热情，提高工作效率，促进队伍的专业化发展，以下是几个重要的心理健康教育队伍管理策略。

第一，建立科学的考核评价体系。考核评价是队伍管理的重要手段，不仅是对工作的检查和总结，也是激励队伍发展的重要机制。考核评价体系应当包括几个方面：一是工作量的考核，如咨询时数、授课学时、活动次数等；二是工作质量的评价，如学生满意度、问题解决效果等；三是专业发展的评估，如参与培训情况、科研成果等；四是团队贡献的评价，如参与团队活动、协作情况等。考核评价应当采用多元化的方式，如自评、同事评价、学生评价、领导评价相结合，定性评价与定量评价相结合。例如，可以设计详细的工作量统计表，记录每位成员的工作情况；可以设计学生满意度调查问卷，了解学生对心理健康服务的评价；可以组织同行评议，对工作质量进行专业评估。考核结果应当与奖惩、晋升等挂钩，形成有效的激励机制。

第二，实施分类管理和分层培养。心理健康教育队伍包含不同类型和层次的成员，应当根据各自特点实施分类管理和分层培养。对于专职心理教师，可以按照其专业方向（如咨询、测评、教学）进行分类管理，制订有针对性的培养计划；对于辅导员和任课教师，可以根据其参与心理健康教育工作的程度进行分类，提供不同层次的培训；对于学生朋辈辅导员，可以建立层级管理制度，设置初级、中级、高级朋辈辅导员，实施阶梯式培养。例如，可以为新入职的心理教师制订导师制培养计划，由资深教师进行一对一指导；可以为辅导员开设心理健康教育工作的基础课程和进阶课程；可以为学生朋辈辅导员设计不同级别的培训内容和实践任务。

第三，建立有效的沟通协调机制。心理健康教育工作涉及多个部门和多类人员，需要建立畅通的沟通渠道和有效的协调机制，主要措施包括：一是建立定期会议制度，如每月召开一次工作例会，交流工作情况，协调解决问题；二是建立信息共享平台，如建立内部工作网站或使用协作软件，实现信息的及时传递和共享；三是建立跨部门协作机制，如成立由学工、教务、心理中心等部门参与的工作协调小组，定期研讨工作；四是建立危机事件快速反应机制，明确各方职责，确保在紧急情况下能够快速、有效地协调各方力量。例如，可以建立心理危机干预小组，制定详细的工作流程，定期进行演练，确保在发生心理危机时能够迅速、有效地开展工作。

第四，创新管理方式，引入现代管理理念和工具。可以考虑引入项目管理、质量管理等现代管理方法，提高工作的科学化、规范化水平。例如，可以将大型心理健康教育活动作为项目来管理，运用项目管理的方法进行策划、实施和评估；可以引入质量管理的理念，建立服务质量标准，实施全面质量管理。同时，还可以充分利用信息技术，如建立心理健康教育工作管理系统，实现工作的信息化管理。

第五，重视队伍的心理健康管理。心理健康教育工作者长期接触他人的心理问题，容易产生职业倦怠和替代性创伤，因此需要特别关注队伍成员的心理健康，主要措施包括：一是定期开展心理健康评估，及时了解队伍成员的心理状况；二是提供心理支持服务，如设立心理咨询热线，为队伍成员提供心理咨询服务；三是组织减压活动，如组织团建活动等；四是建立同辈互助机制，鼓励队伍成员间相互支持。

总的来说，心理健康教育队伍的管理需要综合运用多种策略，既要注重制度建设，也要重视人文关怀；既要强化监督考核，也要激发内在动力；既要突出专业管理，也要促进协作共享。通过科学、有效的管理，可以充分调动队伍的积极性和创造性，提高工作效率和质量，促进队伍的持续健康发展，从而为大学生心理健康教育工作提供坚实的人力资源保障。

第三节 创新心理健康教育工作模式

一、创新心理健康教育工作模式的必要性

创新心理健康教育工作模式是适应新时代大学生心理健康教育需求的必然要求，其必要性主要体现在以下几个方面。

第一，大学生群体的特点和需求在不断变化，传统的心理健康教育模式已经难以满足新时代大学生的需求。当代大学生是伴随着互联网快速发展成长起来的一代，他们的思维方式、行为习惯、价值观念等都呈现出新的特点。例如，新时代大学生更倾向于通过网络获取信息和表达自我，对传统的面对面交流可能存在一定的抵触；新时代大学生更注重个性化和多元化的体验，对统一化、标准化的教育模式可能缺乏兴趣；新时代大学生面临的心理问题也更加复杂和多样，如网络成瘾、身份认同危机、价值观冲突等。这些新特点和新问题都要求创新心理健康教育工作模式，以更好地适应和满足当代大学生的需求。

第二，社会环境的急剧变化对大学生的心理健康提出了新的挑战，需要创新工作模式来应对这些挑战。在全球化、信息化、市场化的背景下，大学生面临着前所未有的压力和挑战。例如，就业压力的增大可能导致学生产生焦虑和抑郁；社会价值观的多元化可能引发学生的价值观困惑；网络信息的泛滥可能影响学生的判断力和自控力。这些新的挑战需要创新心理健康教育工作模式，如开发有针对性的心理健康教育项目，利用新技术提供更便捷的心理支持服务，建立更加灵活和开放的工作机制等。

第三，心理学和教育学等相关学科的发展为创新心理健康教育工作模式提供了理论基础和技术支持。近年来，积极心理学、认知神经科学、人工智能等领域的研究成果为心理健康教育提供了新的视角和方法。例如，积极心理学强调培养个体的心理优势和积极品质，这为心理健康教育提供了新的方向；认知神经科学的研究成果有助于更深入地理解心理问题的生

理机制，从而开发更有针对性的干预方法；人工智能技术的应用可以帮助开发智能化的心理健康服务系统。上述新理论和新技术的出现为创新心理健康教育工作模式提供了可能性和必要性。

第四，高等教育改革的深入推进也要求创新心理健康教育工作模式。随着高等教育的大众化和国际化，大学生群体变得更加多元化，这就需要教育工作者和研究者的心理健康教育工作能够满足不同背景、不同需求的学生。同时，提升高等教育质量的要求也促使高校教师必须不断创新工作模式，提高心理健康教育的质量和效果。例如，可以探索将心理健康教育与专业教育相结合的新模式，将心理健康教育融入学生的学习和生活的各个方面。

第五，信息技术的飞速发展为创新心理健康教育工作模式提供了新的工具和平台。互联网、大数据、人工智能等技术的广泛应用，为心理健康教育工作带来了新的机遇和挑战。例如，可以利用网络平台开展线上心理咨询和辅导，可以使用大数据技术分析学生的心理健康状况，可以开发智能化的心理健康干预系统。上述新技术的应用不仅可以提高工作效率，扩大服务范围，还能为学生提供更加个性化和便捷化的服务。

综上所述，创新心理健康教育工作模式是适应新时代需求、应对新挑战、把握新机遇的必然选择，不仅是提高心理健康教育工作质量和效果的需要，也是促进学生全面发展、提升高等教育质量的重要途径。因此，高校应当高度重视心理健康教育工作模式的创新，积极探索新理念、新方法、新技术在心理健康教育中的应用，努力构建适应新时代需求的心理健康教育工作模式。这不仅有利于提高心理健康教育工作的针对性和有效性，也能为学生的健康成长和全面发展提供更好的支持。

二、心理健康教育工作模式创新的主要方向

心理健康教育工作模式的创新应当围绕提高工作效果、满足学生需求、适应时代发展等目标，在多个方向上进行探索和实践，以下是几个主要的创新方向。

1. 整合性教育模式的创新。传统的心理健康教育往往是独立进行的，与其他教育活动相对分离。创新的方向是将心理健康教育与其他教育活动

有机整合，形成全方位、多层次的教育模式，具体可以从以下几个方面着手。

（1）课程整合。将心理健康教育内容融入各门课程中，如在文学课程中探讨人物心理、在历史课程中分析历史人物的心理动机、在科学课程中讨论科学家的创造性思维等。

（2）活动整合。将心理健康教育融入各类校园活动中，如在社团活动中加入心理健康元素、在文化艺术活动中表达心理健康主题、在体育运动中培养心理素质等。

（3）管理整合。将心理健康教育理念融入学校管理中，如在制定规章制度时考虑学生的心理需求、在处理学生事务时注重心理因素、在评价学生时关注心理健康状况等。

（4）环境整合。创造有利于心理健康的校园环境，如设计心理健康主题的公共空间、布置具有心理暗示作用的标语和图片、营造积极向上的校园氛围等。

2. 个性化服务模式的创新。面对日益多元化的学生群体，需要提供更加个性化的心理健康服务。创新的方向是利用新技术和新方法，实现服务的精准化和个性化，具体可以从以下几个方面着手。

（1）需求评估的个性化。利用大数据技术和人工智能算法，对学生的心理健康状况和需求进行精准评估，建立个性化的心理健康档案。

（2）服务内容的个性化。根据学生的个性特点和需求，提供量身定制的心理健康服务方案，如个性化的咨询计划、定制化的心理训练课程等。

（3）服务方式的个性化。提供多样化的服务方式供学生选择，如面对面咨询、线上咨询、自助服务等，让学生可以根据自己的偏好选择合适的服务方式。

（4）反馈机制的个性化。建立个性化的效果评估和反馈机制，根据评估结果及时调整服务策略，实现服务的持续优化。

3. 科技支持模式的创新。信息技术的发展为心理健康教育提供了新的工具和平台。创新的方向是充分利用新技术，提高工作效率和服务质量，具体可以从以下几个方面着手。

（1）网络平台的应用。建立网络心理健康教育平台，提供在线课程、心理测评、咨询预约等服务，扩大服务覆盖面。

（2）移动应用的开发。开发以心理健康为主题的移动应用，提供心理健康信息推送、心情记录、放松训练等功能，方便学生随时随地进行自我管理。

（3）虚拟现实技术的应用。利用虚拟现实技术创建虚拟心理环境，用于心理治疗、心理训练等，提高心理干预的效果。

（4）人工智能的应用。开发智能心理咨询系统，利用自然语言处理和机器学习技术，提供初步的心理支持和建议。

4. 社会资源整合模式的创新。心理健康教育不应局限于学校内部，还应充分利用社会资源。创新的方向是建立开放、协作的工作模式，具体可以从以下几个方面着手。

（1）校际合作。与其他高校建立合作关系，共享心理健康教育资源，开展联合研究和交流。

（2）产学研结合。与心理健康相关的企业、研究机构合作，引入先进的理念和技术，促进理论与实践的结合。

（3）社会支持网络。建立与社区、医疗机构、社会组织的合作关系，形成多方参与的心理健康支持网络。

（4）家校协同。加强与学生家长的沟通和合作，形成学校、家庭共同参与的心理健康教育模式。

5. 文化引领模式的创新。心理健康教育应当与文化建设相结合。创新的方向是培育积极健康的校园文化，引导学生形成良好的心理素质，具体可以从以下几个方面着手。

（1）心理健康文化活动。组织丰富多样的心理健康主题文化活动，如心理电影节、心理健康艺术展等，提高学生的参与度。

（2）榜样示范。选树心理健康的学生典型，发挥榜样的示范作用，引导学生追求心理健康。

（3）传统文化融合。将我国传统文化中的心理智慧与现代心理学理论相结合，形成具有文化特色的心理健康教育内容。

（4）网络文化引导。关注网络文化对学生心理的影响，引导学生形成健康的网络使用习惯和价值观。

上述创新方向并非各自独立，而是相互关联、相互促进的。在实际教育工作中，应当根据学校的实际情况和学生的具体需求，选择适当的创新方向，综合运用多种创新策略，构建符合本校特色的心理健康教育工作新模式。同时，创新是一个持续的过程，需要不断总结经验，调整策略，以适应不断变化的需求和环境。

三、心理健康教育工作模式创新的实施策略

创新心理健康教育工作模式需要系统的规划和有效的实施策略，以下是一些可供参考的实施策略。

1. 建立创新机制。高校应当建立鼓励创新的机制，为心理健康教育工作模式的创新提供制度保障和资源支持，具体做法包括：设立创新项目基金，支持教师和学生开展心理健康教育创新实践；建立创新奖励制度，对在心理健康教育创新方面做出突出贡献的个人和团队给予表彰和奖励；成立创新工作小组，专门负责心理健康教育创新工作的规划和推进；建立创新成果共享平台，促进创新经验的交流和推广。

2. 强化技术支持。信息技术的应用是创新心理健康教育工作模式的重要支撑，高校应当加强技术支持，具体做法包括：加大对心理健康教育信息化建设的投入，如建设网络心理健康教育平台、开发心理健康应用程序等；组建技术支持团队，为心理健康教育工作提供技术咨询和支持；开展技术应用培训，提高心理健康教育工作者的信息技术应用能力；与互联网企业合作，引入先进的技术和解决方案。

3. 加强队伍建设。创新需要高素质的人才队伍作为支撑，高校应当加强心理健康教育队伍建设，具体做法包括：引进具有创新能力和跨学科背景的专业人才；加强对现有队伍的创新能力培训，如组织创新思维工作坊、创新方法培训等；鼓励队伍成员参与学术交流和实践研究，拓宽视野，激发创新思维；建立创新团队，集中优势力量开展创新实践。

4. 推动跨界合作。心理健康教育工作模式的创新需要多方面的知识和资源支持，高校应当推动跨界合作，具体做法包括：促进校内不同部门和学科之间的合作，如心理学、教育学、信息科学等学科的交叉融合；加强校际合作，与其他高校共同开展创新实践和研究；推动产学研合作，与企

业、研究机构合作开发新的心理健康教育产品和服务；加强国际交流，学习和借鉴国际先进经验。

5. 优化评估机制。建立科学的评估机制是保证创新有效性的重要手段，高校应当优化评估机制，具体做法包括：建立多元化的评估指标体系，不仅要关注传统的指标，也要重视创新性、适应性等方面的评估；引入第三方评估，提高评估的客观性和公信力；建立动态评估机制，及时发现问题，调整创新策略；重视学生反馈，将学生满意度作为重要的评估指标。

6. 营造创新文化。创新需要良好的文化氛围支持，高校应当营造鼓励创新的文化氛围，具体做法包括：树立创新典型，宣传创新成果，激发创新热情；鼓励失败容错，给予创新实践足够的试错空间；组织创新交流活动，如创新论坛、创新大赛等，促进创新思想的碰撞和交流；将创新精神融入日常工作中，培养全员创新的意识。

7. 注重学生参与。学生是心理健康教育的主体，也是创新的重要力量，高校应当注重发挥学生的主动性和创造性，具体做法包括：鼓励学生参与心理健康教育工作模式的设计和实施；支持学生开展心理健康主题的创新项目；建立学生反馈机制，及时了解学生对创新模式的评价和建议；培养学生朋辈辅导员，发挥学生在心理健康教育中的主体作用。

8. 构建长效机制。创新不是一蹴而就的，需要建立长效机制来保证创新的持续性，高校应当构建长效机制，具体做法包括：将心理健康教育工作模式创新纳入学校的整体发展规划；建立定期检视和更新机制，确保工作模式能够持续适应新的需求；建立创新经验积累和传承机制，避免创新成果的流失；将创新作为一项常态化工作，持续推进和深化。

上述实施策略并非孤立存在，而是相互关联、相互支撑的。高校在实施策略的过程中应当综合考虑，根据自身特点和实际情况选择适合的策略，制定切实可行的实施方案。同时，还应当注意创新过程中可能遇到的阻力和困难，如传统观念的束缚、资源的限制、技术应用的障碍等，并采取相应的措施加以解决。只有通过系统规划、科学实施，才能真正推动心理健康教育工作模式的创新，从而提高心理健康教育的质量和效果，更好地服务于学生的全面发展。

第四节 整合心理健康教育资源

一、心理健康教育资源整合的重要性

心理健康教育资源的整合对于提高大学生心理健康教育的质量和效果具有重要意义。资源整合不仅能够最大化利用现有资源，提高资源使用效率，还能够通过资源的优化配置和协同作用，产生“1+1>2”的效果。

第一，资源整合能够克服资源分散、重复建设的问题。在高校中，心理健康教育资源往往分散在不同的部门和单位，如学生工作部门、心理健康教育中心、各院系等，这种分散状态容易导致资源利用效率低下，甚至出现重复建设的现象。通过资源整合，可以打破部门壁垒，实现资源的共享和优化配置，避免不必要的浪费。例如，可以建立统一的心理健康信息管理系统，整合各部门的学生心理健康数据，实现信息共享，提高工作效率。

第二，资源整合有助于形成合力，提高心理健康教育的整体效果。心理健康教育是一项系统工程，需要多方面的资源和力量共同参与。通过整合校内外、线上线下等各类资源，可以形成全方位、多层次的心理健康教育网络，为学生提供更加全面和有效的心理健康服务。例如，可以整合校内心理咨询资源和校外专业机构资源，建立合作关系，为学生提供更加专业和多样化的心理健康服务。

第三，资源整合能够促进创新，推动心理健康教育工作的发展。不同类型的资源在整合过程中可能会产生新的组合和创意，催生新的工作模式和方法。例如，通过整合心理学、教育学、信息技术等不同领域的资源，可能会开发出新的心理健康教育工具或方法。

第四，资源整合有利于提高资源的可及性和利用率。通过资源整合，可以打破时间和空间的限制，使心理健康教育资源更加便捷地为学生所用。例如，可以整合线上线下资源，建立网络心理健康教育平台，让学生随时随地都能获取心理健康服务。

第五，资源整合能够提高心理健康教育的针对性和有效性。通过整合不同类型的资源，可以为不同需求的学生提供更加个性化和专业化的服务。例如，可以整合学业指导、职业规划、心理咨询等资源，为学生提供全方位的成长支持。

第六，资源整合可以提高心理健康教育的连续性和系统性。大学生的心理健康状况是动态变化的，需要持续的关注和干预。通过整合不同阶段、不同层面的资源，可以构建一个从预防、筛查、干预到随访的完整服务链，确保对学生的心理健康进行全程、系统的管理。例如，可以整合新生入学教育、日常心理健康教育、心理危机干预等资源，形成一个连续的心理健康服务体系。

第七，资源整合有助于提高心理健康教育的科学性和专业性。心理健康教育是一个专业性很强的领域，需要不断吸收和应用最新的研究成果和实践经验。通过整合科研资源和实践资源，可以促进理论与实践的结合，提高心理健康教育的科学性和专业性。例如，可以整合心理学研究机构的研究成果和一线心理健康教育工作者的实践经验，开发更加科学有效的心理健康教育方法。

第八，资源整合能够提高心理健康教育的适应性和灵活性。随着社会的发展和学生需求的变化，心理健康教育也需要不断调整和适应。通过整合多元化的资源，可以增强心理健康教育的适应能力，更好地满足不同时期、不同群体的需求。例如，在突发公共事件期间，可以快速整合线上资源，开展远程心理健康服务。

第九，资源整合有利于提高心理健康教育的影响力和辐射面。通过整合各类宣传资源和传播渠道，可以扩大心理健康教育的影响范围，提高学生的心理健康意识。例如，可以整合校园媒体、社交平台、公众号等资源，构建多元化的心理健康教育宣传网络。

第十，资源整合能够促进心理健康教育的可持续发展。心理健康教育是一项长期的工作，需要持续的投入和支持。通过整合各类资源，可以建立稳定的资源保障机制，确保心理健康教育工作的可持续开展。例如，可以整合校内外的资金资源，建立心理健康教育专项基金，为心理健康教育工作的持续开展提供资金保障。

综上所述，心理健康教育资源的整合对于提高大学生心理健康教育的质量和效果具有重要意义。因此，高校应当高度重视心理健康教育资源的整合工作，采取有效措施，推动各类资源的有机整合，构建全面、高效的心理健康教育资源体系。这不仅是提高心理健康教育工作质量的需要，也是促进学生全面发展、提升高等教育质量的重要途径。

在实际教育工作中，资源整合还面临着一些挑战，如部门利益冲突、技术障碍、管理难度增加等。这就需要高校领导的高度重视和统筹规划，建立有效的协调机制，克服各种困难，推动资源整合工作的深入开展。同时，资源整合是一个动态的过程，需要根据实际情况和需求的变化不断调整和优化。只有通过持续的努力和创新，才能真正实现心理健康教育资源的有效整合，为学生的健康成长提供更好的支持。

二、心理健康教育资源的类型与特点

心理健康教育资源种类繁多，各具特点，了解这些资源的类型和特点是进行有效整合的基础。根据不同的分类标准，可以将心理健康教育资源分为以下几类。

（一）按资源性质分类

1. 人力资源，包括专职心理教师、兼职心理咨询师、辅导员、任课教师、学生朋辈辅导员等。人力资源是心理健康教育的核心资源，直接影响着教育的质量和效果。专职心理教师通常具有专业的心理学背景，能够提供专业的心理健康教育和咨询服务；兼职心理咨询师可以是校内其他学科的教师，也可以是校外的专业人士，能够为心理健康教育带来多元的视角；辅导员与学生的接触最为密切，能够及时发现和干预学生的心理问题；任课教师可以在日常教学中融入心理健康教育元素；学生朋辈辅导员则能够发挥辅助支持的作用。这些不同类型的人力资源各有特点，在心理健康教育中发挥着不同的作用。

2. 物质资源，包括心理咨询室、团体辅导室、心理健康教育基地、心理测评设备等硬件设施，以及心理健康教育教材、测评工具、辅导材料等软件资源。物质资源为心理健康教育提供了必要的物质条件和工具支持，良好的物质条件可以提高心理健康教育的吸引力和效果。例如，设置温馨舒适的心理咨询室可以让学生更愿意接受心理咨询；先进的心理测评设备可以提高心理问题的识别准确性；丰富的教材和辅导材料可以为心理健康教育提供内容支持。

3. 信息资源，包括学生心理健康数据库、心理健康教育网站、心理健康教育应用程序等。信息资源在信息化时代越来越重要，它可以突破时间和空间的限制，为学生提供便捷的心理健康服务。例如，通过建立学生心理健康数据库，可以实现对学生心理健康状况的动态监测；通过心理健康教育网站或心理健康教育应用程序，可以为学生提供随时随地的心理健康知识和服务。

4. 制度资源，包括心理健康教育工作制度、心理危机干预机制、心理健康教育评估体系等。制度资源为心理健康教育工作提供了规范和保障，确保了工作的有序开展和持续改进。例如，完善的心理危机干预机制可以确保在紧急情况下实现快速、有效的响应；科学的评估体系可以促进心理健康教育工作的持续改进。

（二）按资源来源分类

1. 校内资源，包括学校各部门和单位的心理健康教育资源，如学生工作部门、心理健康教育中心、各院系等。校内资源是心理健康教育的主要依托，具有便于调配和使用的优势。

2. 校外资源，包括其他高校、专业心理健康机构、社区、家庭等的资源。校外资源可以为心理健康教育带来新的视角和方法，弥补校内资源的不足。例如，可以与专业心理健康机构合作，引入先进的心理健康服务方法；可以与社区合作，拓展心理健康教育的实践场域。

（三）按资源形式分类

1. 线下资源，包括传统的面对面心理咨询、课堂教学、团体辅导等形式的资源。线下资源具有直接、互动性强的特点，适合进行深入的心理健康教育和辅导。

2. 线上资源，包括网络心理健康课程、在线心理咨询、心理健康应用程序等。线上资源具有便捷、覆盖面广的特点，可以突破时间和空间的限制，为更多学生提供服务。

(四) 按资源功能分类

1. 教育资源，主要用于心理健康知识的传播和心理素质的培养，如心理健康教育课程、讲座等。

2. 咨询资源，主要用于为学生提供心理健康咨询和辅导服务，如个别咨询、团体辅导等。

3. 评估资源，主要用于评估学生的心理健康状况，如心理测评工具、心理健康普查系统等。

4. 干预资源，主要用于处理学生的心理危机和严重心理问题，如心理危机干预团队、转介资源等。

上述不同类型的资源各有特点和优势，在心理健康教育中发挥着不同的作用。例如，人力资源是心理健康教育的核心，直接决定了教育的质量；物质资源为心理健康教育提供了必要的条件保障；信息资源可以提高心理健康教育的便捷性和覆盖面；制度资源为心理健康教育工作提供了规范和保障；校内资源便于调配和使用；校外资源可以带来新的视角和方法；线下资源适合进行深入的互动和辅导；线上资源可以突破时间和空间的限制。总之，不同功能的资源针对心理健康教育的不同环节和需求。

第一，还可以从资源的专业性、可获得性、适用性等角度对资源进行分类和特征分析。例如，从专业性角度来看，可以将资源分为专业性强的资源（如专业心理咨询师提供的服务）和通用性强的资源（如普及性的心理健康知识）。从可获得性角度来看，可以将资源分为易获得资源（如网上公开的心理健康知识）和限制性资源（如需要预约的个别咨询）。从适用性角度来看，可以将资源分为适用于一般学生的资源（如心理健康教育课程）和针对特殊需求学生的资源（如心理危机干预服务）。了解这些资源的特点和分类，有助于更好地进行资源整合和利用。例如，可以将专业性强的资源与通用性强的资源相结合，既保证服务的专业性，又扩大服务的覆盖面；可以将易获得资源与限制性资源相结合，既满足学生的普遍需求，又为有特殊需求的学生提供深入服务；可以将适用于一般学生的资源与针对特殊需求学生的资源相结合，构建全面的心理健康服务体系。在进行资源整合时，需要充分了解和考虑这些资源的特点，根据实际需求和现实条件进行优化配置和组合。例如，可以将线上和线下资源结合，既发挥线下资源的深度优势，又利用线上资源扩大覆盖面；可以将校内和校外资源结合，既发挥校内资源的便利性，又引入校外资源的新视角。总之，可以将不同功能的资源有机结合，形成全面的心理健康教育体系。同时，还要注意不同类型资源之间的协调和互补，避免资源使用的冲突或重复。只有充分了解各类资源的特点，合理进行整合和利用，才能真正发挥资源的最大效用，从而提高心理健康教育的质量和效果。

第二，需要注意资源的动态性和发展性。随着社会的发展和技术的进步，心理健康教育资源也在不断更新和发展。例如，近年来，虚拟现实技术在心理健康领域的应用就是一种新兴的资源类型。虚拟现实技术可以创造出各种模拟环境，并应用于心理健康教育、心理治疗等，这为心理健康教育带来了新的可能性。又如，人工智能技术在心理健康领域的应用也在不断发展，已经相继出现了人工智能辅助的心理健康评估、智能聊天机器人等，这些都是需要关注和整合的新型资源。

第三，需要注意资源的文化适应性。不同文化背景的学生可能对心理健康教育资源有不同的需求和接受程度。例如，来自不同国家或地区的学生可能对心理咨询的理解和接受程度不同，这就需要教育工作者和研究者在资源整合时考虑文化因素，提供相对应的服务。

第四，资源的可持续性也是需要考虑的重要因素。某些资源可能需要持续的投入才能维持，如人力资源的培训、信息系统的维护等。在进行资源整合时，需要考虑资源的长期可持续性，制定相应的维护和更新策略。

第五，需要注意资源使用的伦理问题。心理健康教育涉及学生的隐私和权益，在使用和整合资源时，需要严格遵守伦理原则，保护学生的隐私和权益。例如，在使用学生的心理健康数据时，需要严格遵守数据保护规定；在提供心理健康服务时，需要尊重学生的知情权和选择权。

总的来说，心理健康教育资源的类型和特点是多样和复杂的。了解这些资源的类型和特点，是进行有效资源整合的基础。在进行资源整合时，需要全面考虑各类资源的特点和优势，根据实际需求和现实条件进行优化配置和组合。同时，还要关注资源的动态发展、文化适应性、可持续性和伦理问题，以确保资源整合的有效性和可持续性。只有这样，才能真正发挥各类资源的最大效用，为学生提供高质量、全方位的心理健康教育服务。

三、心理健康教育资源整合的主要策略

心理健康教育资源的整合是一个系统工程，需要采取多种策略，从不同角度和层面进行整合，以下是一些主要的整合策略。

1. 建立统一的资源管理平台。这是资源整合的基础工作，通过建立统一的资源管理平台，可以实现资源的集中管理和高效利用，具体策略包括以下几个方面。

（1）建立心理健康教育资源数据库。整合各类心理健康教育资源的信息，包括人力资源、物质资源、信息资源等，建立统一的数据库，便于查询和使用。数据库应当包含详细的资源信息，如资源类型、数量、特点、使用条件等，并定期更新。

（2）开发资源共享平台。建立网络化的资源共享平台，允许不同部门和单位上传和使用资源，实现资源的动态更新和共享。这个平台可以采用云技术，实现资源的实时共享和协同使用。

（3）制定资源使用规范。明确资源使用的权限和规则，确保资源的安全和有序使用。使用规范主要包括资源使用的申请流程、审批制度、使用记录等。

（4）建立资源评估机制。定期评估资源的使用效果，优化资源配置。可以通过用户反馈、使用频率分析、效果评估等方式，了解资源的使用情况和效果，为资源的优化配置提供依据。

通过建立统一的资源管理平台，可以改变资源分散的局面，提高资源的可见度和可用性，同时也便于进行资源的统筹规划和优化配置。

2. 推动跨部门资源整合。高校中的心理健康教育资源往往分散在不同的部门和单位，需要通过跨部门的合作来实现资源的有效整合，具体策略包括以下几个方面。

（1）建立跨部门协调机制。成立由相关部门参与的心理健康教育工作协调小组，定期召开会议，协调资源整合工作。协调小组可以由学生工作部门、教务部门、心理健康教育中心等相关部门的负责人组成，定期讨论资源整合的问题和策略。

（2）制定资源共享政策。明确各部门在资源共享中的权责，鼓励和规

范资源共享行为。共享政策可以包括制定资源共享的奖励机制，鼓励部门间的资源共享，同时也要明确资源共享的边界，避免无序共享带来的问题。

（3）开展联合项目。通过开展跨部门的联合项目，促进资源的整合和优化使用。例如，可以组织跨部门的心理健康教育研究项目，或者开展跨部门的心理健康教育活动，促进各部门资源的整合和协同。

（4）建立资源互补机制。根据各部门的资源优势，建立资源互补机制，实现优势互补。例如，心理健康教育中心可以为其他部门提供专业的心理健康知识和技能培训，而学生工作部门可以为心理健康教育中心提供更多接触学生的机会。

通过推动跨部门资源整合，可以打破部门壁垒，实现资源的优化配置和协同使用，从而提高资源利用效率。

3. 整合校内外资源。将校内资源与校外资源有机结合，可以极大地丰富心理健康教育的资源库，提高教育的质量和效果，具体策略包括以下几个方面。

（1）建立校企合作。与心理健康相关的企业合作，引入先进的技术和服务。例如，可以与心理健康应用程序开发公司合作，开发适合本校学生使用的心理健康应用程序；可以与心理测评公司合作，引入先进的心理测评工具和技术。

（2）开展校际交流。与其他高校建立合作关系，共享优质资源，开展联合研究。可以通过建立校际心理健康教育联盟、定期开展经验交流会、共同开发心理健康教育课程等方式，实现资源共享和优势互补。

（3）利用社会资源。与社区、医疗机构、社会组织等建立合作，拓展心理健康教育的资源和平台。例如，可以与社区合作开展心理健康宣传活动，可以与医疗机构建立转介机制，可以与社会组织合作开展志愿服务。

（4）整合家庭资源。加强与学生家长的沟通和合作，将家庭教育资源纳入整体规划。可以通过举办家长心理健康教育讲座、建立家校联系机制等方式，充分发挥家庭在学生心理健康教育中的作用。

通过整合校内外资源，可以弥补校内资源的不足，引入新的理念和方法，增强心理健康教育的广度和深度。

4. 推动线上线下资源融合。随着信息技术的发展，线上资源在心理健康教育中发挥的作用越来越重要。将线上资源与线下资源有机结合，可以实现资源使用的最优化，具体策略包括以下几个方面。

（1）开发线上心理健康教育平台。建立包含心理健康知识、在线测评、互动咨询等功能的综合性线上平台，为学生提供便捷的心理健康服务。

（2）实施线上线下结合的心理健康教育模式。例如，可以将线下课程与线上学习相结合，开展混合式教学；可以将面对面咨询与在线咨询相结合，提供更灵活的咨询方式。

（3）利用大数据技术。通过收集和分析学生在线上平台的行为数据，了解学生的心理健康需求，为线下服务提供依据。

（4）建立虚拟现实心理健康教育系统。利用虚拟现实技术创建模拟环境，为学生提供沉浸式的心理健康体验和训练。

通过推动线上线下资源融合，可以摆脱时间和空间的限制，提高心理健康教育的覆盖面和针对性。

5. 建立动态资源调配机制。心理健康教育的需求是动态变化的，资源的配置也应当随之调整，具体策略包括以下几个方面。

（1）建立需求评估机制。定期评估学生的心理健康需求，了解需求的变化趋势。

（2）建立资源动态调配制度。根据学生心理健康需求的变化及时调整资源的配置。例如，在学生心理压力较大的时期（如考试季）增加心理咨询资源的投入。

（3）建立资源储备制度。为应对突发事件或特殊需求，建立必要的资源储备。

（4）建立资源使用效率评估机制。定期评估各类资源的使用效率，优化资源配置。

通过建立动态资源调配机制，可以确保资源配置始终与实际需求相匹配，从而提高资源使用的效率和效果。

6. 促进资源的创新和开发。除了整合现有资源，还需要不断开发新的资源，以适应不断变化的学生心理健康需求，具体策略包括以下几个方面。

（1）鼓励创新。设立心理健康教育创新项目，鼓励教师和学生开发新的心理健康教育方法和工具。

（2）加强研究。开展与心理健康教育相关的理论和应用研究，为资源开发提供理论支持。

（3）引入新技术。关注人工智能、大数据等新技术在心理健康教育中的应用，开发新型的心理健康教育资源。

（4）开展国际合作。与国外高校和研究机构合作，引入先进的心理健康教育理念和方法。

通过促进资源的创新和开发，可以丰富心理健康教育的资源库，提高心理健康教育的质量和效果。

7. 建立资源使用的评估和反馈机制。为了确保资源整合的效果，需要建立科学的评估和反馈机制，具体策略包括以下几个方面。

（1）建立多维度的评估指标体系。主要包括资源使用效率、学生满意度、心理健康改善效果等多个方面。

（2）实施定期评估。定期对资源整合的效果进行全面评估，了解资源整合的成效和存在的问题。

（3）建立反馈机制。收集学生、教师等各方面对资源使用的反馈，及时发现问题并改进。

8. 培养资源整合的专业人才。资源整合是一项复杂的工作，需要专业人才来推动和实施，具体策略包括以下几个方面。

（1）开展资源整合相关的培训。为心理健康教育工作者提供资源整合的理念、方法、技术等方面的培训。

（2）引入专业人才。招聘具有资源管理、信息技术等背景的专业人才加入心理健康教育工作团队。

（3）建立跨学科团队。组建包括心理学、教育学、管理学、信息技术等多学科背景的资源整合团队。

（4）鼓励继续教育。支持心理健康教育工作者参加相关的进修和学习，不断提升自身的资源整合能力。

通过培养资源整合的专业人才，可以为资源整合工作提供人才保障，提高资源整合的专业性和有效性。

9. 建立资源整合的长效机制。资源整合不是一次性工作，需要建立长效机制以确保其持续进行，具体策略包括以下几个方面。

（1）将资源整合纳入学校的发展规划。将心理健康教育资源整合作为学校发展的重要内容，给予持续的关注和支持。

（2）建立定期检查制度。定期检查资源整合的情况，及时发现和解决问题。

（3）建立激励机制。对资源整合过程中表现突出的部门和个人给予奖励，激发相关部门和人员参与资源整合的积极性。

（4）建立持续改进机制。根据评估结果和反馈意见，不断优化资源整合的策略和方法。

通过建立资源整合的长效机制，可以确保资源整合工作的持续性和有效性。

在实际教育工作中，心理健康教育工作者需要根据学校的实际情况和现实需求选择适当的策略，并将它们有机结合，形成系统的资源整合方案。同时，资源整合是一个动态的过程，需要根据实施效果和环境变化不断调整和优化策略。只有通过持续的努力和创新，才能实现心理健康教育资源的有效整合，从而为学生提供更高质量、更全面的心理健康教育服务。

第五章　大学生常见心理问题的识别与评估

第一节　大学生常见心理健康问题概述

一、大学生心理健康问题的普遍性与特殊性

大学生心理健康问题的普遍性和特殊性是当代高等教育面临的重要课题。随着社会的快速发展和高等教育的普及，大学生的心理健康问题日益引起广泛关注。从普遍性来看，大学生群体面临着与一般成年人相似的心理健康挑战，如压力管理、情绪调节、人际关系等。然而，由于其特殊的年龄阶段和社会角色，大学生的心理健康问题又呈现出独有的特点。

第一，从发展心理学的角度来看，大学生正处于青年期向成年期过渡的关键阶段。埃里克森的心理社会发展理论将这一阶段称为“亲密对孤独”阶段，这一阶段的主要任务是建立亲密关系和形成稳定的自我认同，这就为大学生带来了独特的心理挑战。例如，许多大学生可能面临自我认同危机，对自己的价值观、人生目标感到困惑。同时，他们也可能在建立和维护亲密关系方面遇到困难，包括恋爱关系、友谊等。

第二，从社会角色的角度来看，大学生处于一个特殊的过渡期。一方面，他们已经脱离了高中时期的严格管控，享有更多的自由和自主权。另一方面，他们又尚未完全进入社会，尚未承担全面的社会责任。这种半依赖、半独立的状态可能导致出现角色混淆和适应问题。例如，一些学生可能难以适应大学生活的自主管理，出现学习动力不足、时间管理困难等

问题。

第三，从认知发展的角度来看，大学生的思维能力已经达到皮亚杰认知发展理论中的形式运算阶段，这意味着他们具备了抽象思考和批判性思考的能力。然而，随着能力的提升也可能带来一些心理困扰。例如，一些学生可能过度分析和质疑，导致决策困难或价值观混乱。

第四，大学生群体还面临着一些特殊的环境压力，如学业压力、就业压力、经济压力等。在激烈的学业竞争中，一些学生可能产生焦虑、抑郁等情绪问题。面对不确定的就业前景，许多学生可能感到迷茫和焦虑。而来自贫困家庭的学生可能还面临着更大的经济压力，影响其心理健康。

第五，从流行病学的角度来看，大学生心理健康问题的发生率呈现上升趋势。多项研究表明，抑郁、焦虑、人际关系困扰等问题在大学生群体中的发生率显著高于一般人群。这种现象的原因是多方面的，包括社会竞争加剧、家庭结构变化、网络信息爆炸等因素的影响。

然而需要注意的是，大学生心理健康问题的普遍性并不意味着这些问题是不可避免或不可解决的。相反，大学时期恰恰是个人心理发展的重要机遇期。通过适当的心理健康教育和干预，大学生可以提高心理素质，增强应对能力，实现健康的心理发展。

二、大学生常见心理健康问题的分类

大学生常见心理健康问题可以从多个维度进行分类，以下将从症状学、问题领域、严重程度等 3 个维度进行概述。

（一）从症状学角度分类

1. 情绪障碍。这类问题主要表现为情绪的异常波动或持续的负面情绪状态，常见的症状包括：抑郁症，表现为持续的低落情绪、兴趣丧失、自责自罪等；焦虑障碍，包括广泛性焦虑障碍、社交焦虑障碍、考试焦虑等；双相情感障碍，表现为躁狂和抑郁情绪的交替出现。

2. 人格障碍。这类问题涉及持续的、不灵活的思维和行为模式，影响个人的社会功能，常见的症状包括：边缘型人格障碍，表现为情绪不稳定、人际关系紧张、自我形象不稳定等；强迫型人格障碍，表现为过分追求完美、僵化的思维方式等。

3. 适应障碍。这类问题通常由特定的压力事件引发，表现为情绪或行为的失调，常见的症状包括：学业适应障碍，难以适应大学的学习方式和要求；人际适应障碍，难以建立和维护良好的人际关系。

4. 行为问题。这类问题主要表现为行为上的异常或失控，常见的症状包括：网络成瘾，过度沉迷于网络游戏、社交媒体等；自伤行为，通过伤害自己的身体来缓解心理痛苦；饮食障碍，如神经性厌食、神经性贪食等。

（二）从问题领域角度分类

1. 学业问题，包括学习动力不足、学习方法不当、考试焦虑等。

2. 人际关系问题，包括社交困难、恋爱困扰、室友关系不和谐等。

3. 自我认同问题，包括自我价值感低、生涯规划困惑、性别认同障碍等。

4. 家庭问题，包括家庭关系紧张、经济压力、家庭变故等。

5. 生活适应问题，包括时间管理困难、生活自理能力不足等。

（三）从严重程度角度分类

1. 轻度问题。不影响日常生活，通过自我调节或简单的心理辅导可以改善。

2. 中度问题。对日常生活和学习有一定的影响，需要专业的心理咨询或辅导。

3. 重度问题。严重影响日常生活，可能需要药物治疗或住院治疗。

需要注意的是，上述分类方法并不相互排斥，而是相互补充的。在实际教育工作中，常常需要综合考虑多个维度来全面理解和评估学生的心理健康问题。此外，每个学生的情况都是独特的，不应简单地用某个类别来标签化个体。

三、大学生心理健康问题的成因分析

大学生心理健康问题的成因是多元且复杂的，涉及生物、心理、社会等多个层面的因素，以下将从个体因素、环境因素和社会文化因素等 3 个方面进行分析。

（一）个体因素

1. 生物学因素。遗传倾向，某些心理障碍（如抑郁症、焦虑症）可能有遗传基础；神经生物学因素，大脑结构和功能的特点可能影响个体的心理健康；身体健康状况，慢性疾病、睡眠问题等可能影响心理健康。

2. 心理因素。人格特质，某些人格特质（如神经质倾向高）可能增加心理问题的风险；认知模式，不合理的信念和思维方式可能导致心理困扰；应对方式，不良的压力应对方式可能加剧心理问题；早期经历，童年的创伤经历可能影响成年后的心理健康。

3. 发展因素。自我认同，自我认同的不确定性可能导致心理困扰；角色转换，从高中生到大学生的角色转换可能带来适应问题。

（二）环境因素

1. 学校环境。学业压力，繁重的课业负担、激烈的学业竞争可能导致压力和焦虑；人际环境，新的人际关系网络可能带来社交压力和适应问题；住宿环境，集体宿舍生活可能引发适应问题和人际冲突。

2. 家庭环境。家庭关系，不和谐的家庭关系可能影响学生的心理健康；家庭经济状况，经济压力可能导致学生产生焦虑和自卑感；家庭教育方式，过度保护或忽视都可能影响学生的心理发展。

3. 社会环境。就业压力，严峻的就业形势可能导致学生产生焦虑和迷茫；社会期望，来自社会的高期望可能给学生带来压力；网络环境，网络信息的复杂性和虚拟社交可能影响学生的心理状态。

（三）社会文化因素

1. 价值观念。成功观，社会对成功的定义可能给学生带来压力；婚恋观，传统与现代婚恋观的冲突可能导致学生感到困惑。

2. 社会变迁。社会节奏加快，快节奏的生活方式可能增加学生的心理压力；社会结构变化，如独生子女政策的影响。

3. 文化冲突。传统文化与现代文化的冲突可能导致学生价值观的混乱；不同地域文化的碰撞可能引发适应问题。

4. 信息技术的影响。信息过载，大量信息可能导致学生的认知负担和焦虑；网络依赖，过度依赖网络可能影响学生对现实生活的适应。

上述因素常常是相互作用、相互影响的。例如，个体的人格特质可能影响其对环境压力的感知和应对，而环境因素又可能影响个体的心理发展。因此，在理解和干预大学生心理健康问题时，需要采取整体的、系统的视角，综合考虑多方面的因素。此外还需要注意，这些因素对不同个体的影响可能是不同的。同样的环境压力，有些学生可能表现出良好的适应能力，而有些学生则可能出现心理问题。这种差异可能与个体的心理韧性、社会支持系统等保护性因素有关。因此，在关注风险因素的同时，也要重视保护性因素的培养和强化。

四、大学生心理健康问题的发展趋势与新特点

近年来，大学生心理健康问题呈现出一些新的发展趋势与特点，这些变化与社会环境的变迁、教育模式的转变及科技的进步密切相关。了解这些新趋势和特点对于制定有针对性的心理健康教育和干预策略具有重要意义。

第一，心理问题的复杂化和多样化。大学生心理健康问题呈现出更加复杂和多样的特点，除了传统的抑郁、焦虑等问题外，一些新型的心理问题逐渐引起关注。例如，社交媒体综合征，过度依赖社交媒体，导致现实生活中的社交能力下降；隐蔽性心理问题，一些学生可能表面上表现良好，但内心却存在严重的心理困扰。

第二，心理问题的低龄化趋势。一些原本在成年人中较为常见的心理问题开始在大学生群体中出现。例如，职业倦怠，不仅限于工作场所，学业倦怠在大学生中也越来越普遍；中年危机症状，一些大学生过早体验到类似中年危机的困扰，如对人生意义的质疑。

第三，网络因素的影响加深。随着互联网和智能设备的普及，网络对大学生心理健康的影响日益显著。例如，网络成瘾问题更加普遍，影响学生的学习和生活；网络欺凌现象增多，给学生造成严重的心理伤害；虚拟世界与现实世界的界限模糊，影响学生的自我认知和社会适应。

第四，压力源的多元化。大学生面临的压力来源更加多元。例如，学业压力不再局限于课程学习，还包括科研、竞赛、实习等多个方面；就业压力提前化，低年级学生也开始关注就业问题；社会比较压力增大，受社交媒体的影响，学生更容易产生对比心理。

第五，心理健康意识的提升。随着社会对心理健康的重视程度越来越高，大学生的心理健康意识也在提高，有更多的学生愿意主动寻求心理帮

助，但同时也可能出现过度关注心理健康的现象。

第六，心理问题的群体性和传染性。在特定环境下，某些心理问题可能呈现群体性特征，如考试焦虑、就业焦虑等。通过社交媒体和群体互动，一些负面情绪和行为可能产生传染效应。

第七，心理健康与身体健康的关系更加密切。越来越多的研究表明，心理健康问题可能影响身体健康，反之亦然。例如，长期的心理压力可能导致身体免疫功能下降，而身体健康问题也可能引发心理困扰。

上述新趋势和特点对大学生心理健康教育和管理提出了新的挑战。

第一，需要更新和扩展心理健康教育的内容，加入对新型心理健康问题的认识和应对策略。

第二，需要加强对网络心理健康的关注，提高学生的网络素养和自我保护能力。

第三，需要采取更加个性化和精准化的心理健康服务，以应对学生心理健康问题的复杂性和多样性。

第四，需要加强跨学科合作，整合心理学、教育学、社会学、信息科技等多个领域的知识和方法，以更好地理解和解决当代大学生的心理健康问题。

第五，需要注意培养学生的心理韧性和积极心理品质，提高他们应对复杂环境和多重压力的能力。

总的来说，大学生心理健康问题的新趋势和特点反映了当代社会的变迁和发展，它们既带来了新的挑战，也提供了新的机遇。通过深入研究这些新趋势和特点，可以更好地理解当代大学生的心理需求，从而制定更有效的心理健康教育和干预策略，促进大学生的全面健康发展。

第二节　心理健康问题的识别方法

一、心理健康问题识别的理论基础

心理健康问题的识别建立在多个理论基础之上，这些理论为心理健康问题的识别工作提供了科学的指导。

第一，精神病理学理论提供了心理障碍的分类、症状学和病因学知识，为识别各种心理健康问题提供了基本框架。精神病理学理论包括描述性精神病理学和解释性精神病理学两个方面。描述性精神病理学关注心理障碍的表现形式和症状特征，而解释性精神病理学则探讨心理障碍的成因和发展机制。这两个方面共同构成了心理健康问题识别的理论基础。

第二，发展心理学理论对心理健康问题的识别也具有重要意义。大学生正处于青年期向成年期过渡的关键阶段，面临着特定的发展任务和挑战。埃里克森的心理社会发展理论、皮亚杰的认知发展理论等为理解这一阶段的心理特征和可能出现的问题提供了理论框架。发展心理学理论强调要从发展的视角来看待心理健康问题，将个体的表现放在发展的背景下进行评估。

第三，人格心理学理论也为心理健康问题的识别提供了重要视角。人格特质理论、人格类型理论等有助于理解个体的稳定特征和行为倾向，为识别心理健康问题提供了背景信息。例如，大五人格理论中的神经质维度与多种心理健康问题有关，可以作为心理健康问题识别的一个重要参考指标。

第四，认知心理学理论则为理解心理健康问题中的认知因素提供了基础。认知评价理论、归因理论等有助于解释个体如何解释和应对生活事件，这些认知过程通常与心理健康问题密切相关。

第五，社会心理学理论也在心理健康问题的识别中发挥着重要作用。社会比较理论、社会支持理论等有助于理解个体在社会环境中的心理状态和行为表现。例如，社会支持理论强调社会关系网络对心理健康的重要性，这为识别社会功能方面的心理问题提供了理论依据。

第六，临床心理学理论为心理健康问题的识别提供了更为直接的指导。诊断学理论、心理测量学理论等为心理健康问题识别工作的具体实施提供了方法论支持。例如，心理测量学理论为开发和使用心理健康评估工具提供了理论基础，确保了识别过程的科学性和可靠性。

第七，生物心理学理论为理解心理健康问题的生物学基础提供了视角。神经生物学理论、神经内分泌理论等有助于理解心理健康问题的生理机制，为心理健康问题识别工作提供了更全面的理论框架。

上述理论共同构成了心理健康问题识别的理论基础，为心理健康问题的识别工作提供了多维度、多层次的理论指导。在实际教育工作中，需要综合运用这些理论，从不同角度理解和评估个体的心理健康状况。同时，也需要注意到这些理论之间可能存在的矛盾或差异，需要在具体应用中进行辩证的分析和整合。

二、心理健康问题识别的基本原则

心理健康问题的识别是一个复杂的过程，需要遵循一系列科学的原则，以确保识别的有效性和准确性。

第一，全面性原则是心理健康问题识别的基本要求。这一原则强调识别工作应该涵盖个体心理健康的多个方面，包括情绪状态、认知功能、行为表现、人际关系、社会适应等。全面性原则要求识别者采用多种方法和途径收集信息，避免仅关注单一症状或表现。例如，在识别抑郁问题时，不仅要关注情绪症状，还要关注认知、行为、生理等多个方面的表现。

第二，发展性原则是识别大学生心理健康问题时需要特别注意的原则。这一原则强调要将个体的心理状态放在发展的背景下进行评估。大学生正处于从青年期向成年期过渡的阶段，面临着特定的发展任务和挑战。因此，在识别过程中需要考虑这一年龄阶段的特点，区分正常的发展性困扰和病理性问题。例如，一定程度的身份困惑可能是正常的发展现象，而不应被简单地视为心理问题。

第三，客观性原则是确保心理健康问题识别结果可靠性的重要保障。

这一原则要求识别工作应该基于客观事实和科学方法，避免主观臆断和个人偏见。为了保证客观性，识别工作应该采用标准化的评估工具，遵循规范的操作程序，并由经过专业培训的人员进行。同时，也要注意收集多方面的信息，如自我报告、他人观察、客观测量等，以增加识别结果的客观性。

第四，动态性原则强调心理健康问题识别应该是一个持续的过程，而不是一次性的评估。个体的心理状态可能随着时间和环境的变化而发生变化，因此需要进行定期的评估和跟踪。动态性原则要求建立长期的观察和评估机制，及时发现心理健康状况的变化趋势。

第五，保密性原则是心理健康问题识别中的伦理要求。这一原则强调在识别过程中应该严格保护个体的隐私，未经授权不得泄露相关信息。保密性原则不仅是对个人权益的尊重，也是建立信任关系、确保识别工作顺利进行的必要条件。

第六，多元化原则强调在心理健康问题识别过程中应该采用多种方法和途径，综合各方面信息。不同的识别方法各有优缺点，通过多种方法的结合，可以相互补充，提高识别的准确性。例如，可以结合问卷测评、行为观察、访谈等多种方法进行综合评估。

第七，伦理性原则要求心理健康问题识别工作应该遵循伦理规范，尊重个体的权益，避免造成不必要的心理负担，主要包括尊重个体的知情权和自主权、避免强制性的评估、合理使用评估结果等。

第八，专业性原则强调心理健康问题识别工作应该由经过专业培训的人员进行，或在专业人员的指导下进行。心理健康问题的识别涉及复杂的专业知识和技能，需要具备相应的专业背景和实践经验。

第九，预防性原则强调心理健康问题识别工作不仅是为了发现已经存在的问题，也应该关注潜在的风险因素，以实现预防性干预。这就要求在识别过程中不仅要关注现有症状，还要评估可能导致心理健康问题的各种风险因素。

第十，生态系统原则强调在心理健康问题识别过程中应该考虑个体所处的整个生态系统，包括学校环境、家庭背景、社会文化因素等。这一原则基于生态系统理论，认为个体的心理健康状况是与其所处环境互动的结果，因此在心理健康问题识别过程中需要全面考虑各种环境因素的影响。

上述原则相互关联，共同构成了心理健康问题识别的基本框架。在实际教育工作中，需要综合考虑这些原则，根据具体情况灵活应用，以确保心理健康问题识别工作的科学性、有效性和伦理性。

三、心理健康问题识别的主要方法

心理健康问题的识别需要采用多种科学方法，以获得全面、准确的信息。

第一，观察法是一种基本而重要的识别方法。通过系统、持续的观察，可以发现个体行为、情绪和人际交往等方面的异常表现。观察的对象可以包括外表和行为、情绪表现、人际交往、学习表现、生活习惯等多个方面。观察法的优点是可以获得直接、自然的信息，不受被观察者主观因素的影响，其局限性在于可能受观察者主观判断的影响，且难以了解被观察者的内心活动。因此，观察法通常需要与其他方法结合使用。

第二，访谈法是通过面对面的交谈，了解个体的心理状况、想法和感受。访谈可以分为结构化访谈和非结构化访谈。结构化访谈是按照预先设计的问题进行访谈，有利于获得系统、可比较的信息。非结构化访谈更加灵活，可以根据交谈过程调整问题，深入探讨特定话题。访谈法的优点是可以获得深入、详细的信息，能够灵活应对不同情况，其局限性在于耗时较长、可能受访谈者的主观因素影响等。此外，进行有效的访谈还需要具备良好的沟通技巧和专业知识。

第三，问卷测评法是使用标准化的心理测量工具来评估个体的心理健康状况。常用的问卷包括症状自评量表、贝克抑郁量表、状态—特质焦虑问卷等。问卷测评法的优点是标准化程度高、操作简便、可以进行大规模筛查，其局限性在于可能受到被测者的主观因素影响，如社会赞许性等。

第四，同伴评价法是通过个体的同伴评价来了解其心理健康状况。这种方法特别适用于识别一些在人际交往中表现出来的问题，可以采用问卷、访谈等形式进行。同伴评价法的优点是可以获得个体在日常生活中的表现信息，弥补自我报告的不足，但需要注意保护隐私，避免造成不良影响。

第五，生理指标测量是通过测量某些生理指标来辅助识别心理健康问题。常用的生理指标包括心率变异性、皮肤电反应、脑电图等。生理指标测量的优点是客观性强，不受主观因素影响，但设备要求高、操作复杂，通常作为辅助手段使用。

第六，网络行为分析是通过分析个体的网络行为来识别心理健康问题。可以关注个体的社交媒体使用模式、网络搜索行为、网络游戏行为等。网络行为分析可以提供一些传统方法难以获取的信息，但需要注意保护隐私和伦理问题。

第七，学业表现分析是通过分析个体的学业表现来识别可能存在的心理健康问题。可以关注个体的成绩变化、出勤情况、课堂表现等。学业表现分析的优点是可以利用现有的教务数据，但需要结合其他方法综合判断。

第八，家庭访问是通过与个体的家庭成员进行交流，了解其家庭环境、成长经历等背景信息。家庭访问可以获得丰富的背景信息，但需要考虑可行性和必要性，并注意保护隐私。

在实际教育工作中，通常需要综合运用多种识别方法，以获得全面、准确的信息。同时，心理健康问题识别过程应该是动态的、持续的，而不是一次性的。定期进行心理健康状况的评估和跟踪，可以及时发现问题，提供必要的帮助和支持。

四、心理健康问题识别的实施策略

心理健康问题识别的有效实施需要系统的策略和周密的安排。

第一，建立多层次的筛查体系是一种有效的实施策略。这包括对全体群体进行定期的心理健康状况普查，对特定群体进行有针对性的筛查，以及对已经发现有心理健康风险的个体进行持续关注和跟踪。多层次筛查体系可以实现全面覆盖和重点关注的结合，提高识别的效率和精准度。

第二，利用日常教育教学过程进行心理健康问题的识别是另一种重要策略。这包括课堂观察、作业分析、师生交流等。教育工作者在日常教学中可以观察学生的表现，通过学生的作业内容了解其心理状态，并通过日常交流获取相关信息。这种策略可以将心理健康问题的识别融入日常教育过程，实现常态化识别。

第三，构建朋辈支持网络是一种有效的识别策略。这包括培训学生骨干，提高其识别心理问题的能力；建立朋辈互助机制，鼓励同伴之间相互关心、支持；开展朋辈咨询，培训部分学生成为朋辈咨询员，为同学提供初步的心理支持。朋辈支持网络可以扩大心理健康问题识别的覆盖面，提高识别的及时性。

第四，利用信息技术是现代心理健康问题识别的重要策略。这包括开发心理健康应用程序，通过移动应用收集心理健康数据；建立在线预警系统，利用大数据分析技术及时发现潜在的心理健康风险；提供在线自助评估工具，方便个体自我评估心理健康状况。信息技术的应用可以提高心理健康问题识别的效率和覆盖面，同时也为个体提供了自我评估的工具。

第五，建立危机预警机制是识别严重心理健康问题的关键策略。这包括制定预警指标，明确需要重点关注的行为和表现；建立报告流程，明确发现问题后的报告和处理流程；组建危机干预小组，由心理学专家、教育工作者、医生等组成，及时处理紧急情况。危机预警机制可以及时识别和应对严重的心理健康问题，防止危机事件的发生。

第六，开展专题活动是提高心理健康意识、促进问题识别的有效策略。主要包括心理健康教育周、心理健康知识竞赛、心理剧表演等形式，这些活动可以提高群体的心理健康意识，促进自我识别和互助识别。

第七，营造良好的文化氛围是促进心理健康问题识别的环境策略。这包括倡导积极心理学理念，强调培养积极品质；消除对心理问题的污名化，鼓励主动寻求帮助；创造支持性环境，为个体提供情感支持。良好的文化氛围可以降低心理健康问题识别的阻力，提升识别的效果。

第八，加强部门协作是实现全面心理健康问题识别的组织策略。这包括建立心理健康教育工作协调机制，整合各部门的力量；定期召开工作会议，交流信息，协调行动；建立信息共享平台，在保护隐私的前提下实现相关信息的及时共享。部门协作可以实现资源的整合，提高心理健康问题识别工作的系统性和有效性。

第九，重视特殊群体是心理健康问题识别工作中的重要策略。这包括关注少数民族学生，考虑文化差异，提供适当的心理支持；关注家庭经济困难学生，提供必要的经济支持，减轻其心理压力；关注学业困难学生，提供学习辅导，提升其自信心。对特殊群体的关注可以实现有针对性的心理健康问题识别，提高识别工作的精准度。

上述策略的实施不仅需要各个部门的协调配合，还需要充分考虑实际情况和资源条件。同时，还应该注意策略实施中的伦理问题，确保在心理健康问题识别过程中充分尊重个体的权益，保护其隐私。通过这些系统的实施策略，可以确保心理健康问题识别工作的有效开展，真正达到及时发现问题、提供必要帮助的目标。

第三节　心理健康评估工具与技术

一、心理健康评估的理论基础

心理健康评估的理论基础涵盖了多个学科领域的理论，这些理论为评估工作提供了科学的指导框架。

第一，心理测量学理论为心理健康评估提供了基本的方法论支持。心理测量学关注心理特质的量化测量，包括测量的信度、效度、常模建立等核心概念。在心理健康评估中，心理测量学理论指导了评估工具的开发、使用和解释。例如，经典测量理论和项目反应理论为评估工具的编制和修订提供了理论基础，确保了评估结果的科学性和可靠性。

第二，精神病理学理论为心理健康评估提供了内容框架。精神病理学主要研究心理障碍的症状、病因、发展过程和分类，为评估工具的内容设计提供了依据。例如，世界卫生组织的《国际疾病分类》为心理健康评估提供了标准化的诊断标准和分类系统。这些分类系统不仅指导了评估工具的内容构建，也为评估结果的解释提供了参照框架。

第三，发展心理学理论在大学生心理健康评估中具有特殊的重要性。大学生正处于青年期向成年期过渡的关键阶段，面临着特定的发展任务和挑战。埃里克森的心理社会发展理论、皮亚杰的认知发展理论等为理解这一阶段的心理特征提供了理论基础。这些理论可以在指导设计评估工具时充分考虑大学生群体的特殊性，确保评估内容和标准的适用性。

第四，认知心理学理论为理解和评估个体的认知过程提供了理论支持。认知评价理论、归因理论等有助于解释个体如何解释和应对生活事件，这些认知过程通常与心理健康密切相关。在心理健康评估中，认知心理学理论指导了对个体认知模式和思维方式的评估。

第五，人格心理学理论为评估个体的稳定特征提供了理论基础。特质理论、类型理论等不同的人格理论为全面评估个体的心理特征提供了多元视角。例如，大五人格理论为许多人格测验的开发提供了理论框架。

第六，社会心理学理论为评估个体在社会环境中的功能和适应性提供了理论指导。社会认知理论、社会支持理论等有助于理解个体的社会行为和人际关系，这些理论在心理健康评估中占有重要地位。

第七，神经生物学理论为理解心理健康问题的生物学基础提供了视角。这些理论支持了某些生物学指标在心理健康评估中的应用，如神经内分泌指标、脑电图等。

第八，统计学理论，特别是多变量统计分析方法，为心理健康评估数据的处理和解释提供了重要工具。因子分析、聚类分析等统计方法在评估工具的开发和评估结果的分析中发挥着关键作用。

上述理论共同构成了心理健康评估的理论基础，为评估工作提供了多维度、多层次的理论指导。在实际教育工作中，需要综合运用这些理论，从不同角度理解和评估个体的心理健康状况。同时，也需要注意到这些理论之间可能存在的矛盾或差异，需要在具体应用中进行辩证的分析和整合。随着科学研究的不断深入，这些理论也在不断地发展和完善，所以评估工作也需要与时俱进，及时吸收新的理论成果。

二、心理健康评估的基本原则

心理健康评估是一个复杂的过程，需要遵循一系列科学的原则，以确保评估的有效性和准确性。

第一，客观性原则是心理健康评估的基本要求。这一原则强调评估过程和结果应该尽可能地排除主观因素的影响，保持客观中立的立场。为了实现客观性，评估应该采用标准化的工具和程序，评估者应该接受专业培训，以减少个人偏见的影响。同时，应该采用多种评估方法，如自我报告、他人评价、行为观察等，以获得多角度的信息，提高评估的客观性。

第二，全面性原则要求心理健康评估应该涵盖心理健康的多个方面，包括情绪状态、认知功能、行为表现、人际关系、社会适应等。全面性原则的实现需要采用多种评估工具和方法，综合考虑个体的各个方面。例如，在评估抑郁问题时，不仅要关注情绪症状，还要评估认知功能、行为表现、社会功能等多个方面。

第三，可靠性原则强调评估结果应该具有一致性和稳定性。这就要求评估工具具有良好的信度，包括重测信度、内部一致性等。同时，评估过程也应该保持一致性，不同评估者之间、不同时间点的评估结果应该具有较高的一致性。

第四，效度原则要求心理健康评估能够准确测量目标心理特质或状态，包括内容效度、结构效度、效标效度等多个方面。效度原则的实现需要在评估工具的开发过程中进行严格的验证，并在实际应用中不断检验和改进。

第五，标准化原则要求评估过程和结果的解释应该遵循统一的标准，包括评估工具的使用说明、计分方法、结果解释等方面的标准化。标准化原则可以确保评估结果的可比性和一致性。

第六，动态性原则强调心理健康评估应该是一个持续的过程，而不是一次性的测量。个体的心理健康状态可能随着时间和环境的变化而变化，因此需要进行定期的评估和追踪。

第七，个别化原则要求在评估过程中考虑个体的特殊性。虽然标准化原则是十分必要的，但同时也需要考虑个体的文化背景、生活经历、发展阶段等因素，对评估结果进行个别化的解释。

第八，伦理性原则是心理健康评估中的重要原则，包括尊重被评估者的权益、保护其隐私、确保知情同意、合理使用评估结果等。评估者应该严格遵守职业伦理规范，确保评估过程的道德性。

第九，实用性原则强调心理健康评估应该具有实际应用价值。评估的目的是更好地理解和帮助个体，因此评估结果应该能够为实际工作提供有用的信息和指导。

第十，发展性原则特别适用于大学生群体的心理健康评估。这一原则要求在评估过程中考虑大学生的发展特点和任务，将评估结果放在发展的背景下进行解释。

上述原则相互关联，共同构成了心理健康评估的基本框架。在实际教育工作中，需要综合考虑这些原则，根据具体情况灵活应用，以确保评估工作的科学性、有效性和伦理性。同时，这些原则也在不断地发展和完善，评估工作需要与时俱进，吸收新的理论和方法，不断提高评估的质量和效果。

三、常用心理健康评估工具的介绍与应用

心理健康评估工具是进行心理健康状况测量和评估的重要手段，这些工具经过严格的心理测量学验证，具有良好的信效度，为心理健康评估提供了科学、标准化的方法。常用的心理健康评估工具可以分为以下几个主要类别。

第一，综合性评估工具，旨在对个体的整体心理健康状况进行全面评估。其中，症状自评量表是一种广泛使用的工具，包含 90 个项目，评估 9 个症状维度，如躯体化、抑郁、焦虑等。症状自评量表的优点在于覆盖面广，能够快速筛查多种心理症状，局限性在于可能受到个体主观因素的影响。另一个常用的综合性工具是明尼苏达多项人格测验，它通过 550 多个项目评估个体的人格特征和精神病理状态。明尼苏达多项人格测验的优势在于其全面性和对伪造反应的控制，但施测时间较长，结果解释需要专业训练。

第二，情绪评估工具，专门用于评估特定的情绪状态。贝克抑郁量表是评估抑郁症状严重程度的常用工具，包含 21 个项目，涵盖抑郁的认知、情感和生理症状。贝克抑郁量表的优点是易操作，敏感度高，局限性在于可能受社会赞许性影响。汉密尔顿抑郁量表是一种由临床医生评定的抑郁量表，具有较高的客观性。在焦虑评估方面，状态—特质焦虑问卷区分了状态焦虑和特质焦虑，提供了对焦虑问题更细致的评估。

第三，认知功能评估工具，主要用于评估个体的认知过程和能力。韦氏成人智力量表是评估成人智力的金标准，包括言语理解、知觉推理、工作记忆和处理速度等 4 个指数。韦氏成人智力量表提供了全面的认知功能评估，但施测时间较长，需要专业培训。简易智能精神状态检查量表是一种

快速筛查认知功能障碍的工具，特别适用于老年群体。

第四，人格评估工具，主要用于评估个体的稳定特征和行为倾向。艾森克人格问卷基于特质理论，评估外向性、神经质和精神质等3个维度。大五人格问卷评估开放性、尽责性、外向性、宜人性和神经质等5个维度，提供了更全面的人格描述。这些工具有助于了解个体的基本人格特征，但需要注意人格特征的相对稳定性。

第五，社会功能评估工具，主要用于评估个体在社会环境中的适应和功能水平。社会适应性自评量表评估个体在工作、学习、社交等方面的适应状况。人际关系综合诊断量表专门评估个体的人际关系质量和模式。这些工具有助于了解个体的社会功能状况，但需要结合具体的社会文化背景进行解释。

第六，压力评估工具，主要用于评估个体的压力水平和应对方式。知觉压力量表评估个体对生活中各种情境的压力感受。应对方式问卷评估个体面对压力时采用的认知和行为策略。这些工具有助于了解个体的压力状况和应对方式，为干预提供依据。

在应用上述评估工具时需要注意几个方面。首先，选择适当的评估工具，应该根据评估目的、对象特点、时间限制等因素选择合适的工具。然后，严格遵守标准化程序，主要包括指导语的呈现、测试环境的控制、计分方法的遵循等。其次，合理解释评估结果，需要结合个体的背景信息、其他评估结果进行综合分析。再次，注意评估的伦理问题，主要包括保护隐私、获得知情同意等。最后，评估结果应该谨慎使用，避免贴标签或过度解读。

四、心理健康评估的实施流程与注意事项

心理健康评估的实施是一个系统、规范的过程，需要遵循科学的流程，并注意相关事项。

心理健康评估的实施流程通常包括以下几个步骤。

第一是评估准备阶段。这个阶段包括确定评估目的、选择评估工具、准备评估材料、安排评估环境等。评估目的的明确对于后续工作至关重要，它决定了评估的内容、方法和深度。在选择评估工具时，需要考虑工具的

信效度、适用人群、评估时间等因素。评估环境的准备包括选择安静、舒适的场所，准备必要的设备和材料。

第二是评估实施阶段。这个阶段首先需要与被评估者建立良好的关系，消除其紧张情绪，增加合作意愿。在正式实施评估时，需要严格按照标准化程序进行，包括指导语的呈现、时间的控制、问题的解答等。对于自评量表，要确保被评估者理解题目含义；对于他评量表，评估者需要保持客观中立的态度。在评估过程中，还需要观察被评估者的行为表现，这些信息可能会提供额外的评估线索。

第三是资料整理与分析阶段。这个阶段包括数据的录入、计分和初步分析。录入数据时需要仔细核对原始数据，确保录入无误。计分时要严格遵循评估工具的计分规则。初步分析包括计算各维度得分、总分，以及与常模的比较。对于某些评估工具可能还需要进行效度分析，以确保结果的可靠性。

第四是结果解释与报告撰写阶段。这是评估过程中最具挑战性的阶段，需要综合考虑评估数据、背景信息、理论知识等多方面因素。结果解释不应局限于分数的高低，而应该深入分析分数背后的心理意义。在撰写报告时，需要使用专业但易懂的语言，既要客观呈现评估结果，又要提供有建设性的建议。

第五是反馈与跟进阶段。向被评估者或相关人员反馈评估结果是评估过程的重要组成部分。反馈时需要注意方式方法，既要如实告知评估结果，又要避免造成不必要的心理负担。对于发现的问题，应该提供适当的建议或转介服务。此外，还需要进行必要的跟进，了解评估建议的执行情况和效果。

在实施心理健康评估时，需要注意以下几点。

第一，要严格遵守职业伦理。这包括尊重被评估者的权益、保护其隐私、确保知情同意等。评估结果的使用应该限于特定目的，未经授权不得泄露。

第二，要保持客观中立的态度。评估者应该避免将个人的价值观念或偏见带入评估过程，要保持专业和客观。

第三，要注意评估的局限性。任何评估工具和方法都有其局限性，不应过分依赖单一的评估结果，需要综合多种信息源，全面分析评估数据。

第四，要考虑文化因素的影响。不同文化背景的个体可能对评估工具有不同的理解和反应，这就需要在评估过程和结果解释中予以考虑。

第五，要注意评估的时效性。心理健康状况可能随着时间和环境的变化而改变，因此单次的评估结果不应被视为长期有效，需要进行定期的重复评估，以了解个体心理健康状况的变化趋势。

通过严格遵循科学的实施流程和注意相关事项，可以确保心理健康评估的质量和效果，为后续的心理健康教育和干预提供可靠的依据。

第四节　辅导员在评估过程中的伦理考量

一、辅导员的专业角色与伦理责任

辅导员在大学生心理健康评估过程中扮演着独特而重要的角色。作为学生工作的第一线人员，辅导员既是学生日常生活的管理者，又是心理健康教育的实施者，这种双重身份赋予了辅导员特殊的专业角色和伦理责任。

第一，辅导员是学生心理健康状况的初步筛查者。通过日常观察和交流，辅导员能够及时发现学生的异常表现和潜在的心理问题。这就要求辅导员具备基本的心理健康知识和敏锐的观察能力，能够识别常见的心理健康问题症状。同时，辅导员还需要保持客观中立的态度，避免主观判断和过度解读。

第二，辅导员是心理健康评估的组织者和协调者。在心理健康评估中，辅导员通常负责组织实施、协调各方资源、解释评估目的等工作。这就要求辅导员熟悉评估流程，了解各种评估工具的特点和适用范围，并能够与专业心理健康人员进行有效沟通。

第三，辅导员是评估结果的初步解读者和应用者。在获得评估结果后，辅导员需要理解评估结果的含义，并将其应用于学生工作中。这就要求辅导员具备基本的心理测量学知识，能够正确理解评估报告，并根据评估结果制定适当的干预策略。

第四，辅导员是学生心理健康信息的守护者。在评估过程中，辅导员可能接触到学生的敏感信息，如何保护这些敏感信息，在保密和必要披露之间找到平衡，是辅导员面临的重要伦理责任。

第五，辅导员是学生与专业心理健康服务之间的桥梁。对于超出自身能力范围的心理健康问题，辅导员应该及时将学生转介给专业的心理健康服务机构。这就要求辅导员清楚认识自身能力，并建立有效的转介机制。

上述角色和责任要求辅导员不仅要具备相应的专业知识和技能，还要有高度的伦理意识。辅导员需要在日常工作中不断反思自己的行为是否符合伦理要求，是否真正以学生的利益为重。同时，辅导员还需要不断学习和更新知识，提高自身的专业能力，从而更好地履行这些角色和责任。

二、评估过程中的权力关系与界限问题

在大学生心理健康评估过程中，辅导员与学生之间存在着天然的权力不平等关系。这种不平等的权力关系可能对评估过程和结果产生显著影响，因此需要特别关注。

第一，权力不平等可能影响学生的自主性和真实性。学生可能出于对辅导员权威的顺从或担心评估结果影响其学业评价，而在评估中隐瞒真实情况或做出不真实反应。这不仅会影响评估的有效性，也可能导致学生真正的心理健康问题被忽视。

第二，不平等的权力关系可能导致角色混淆。辅导员既是学生工作的管理者，又是心理健康评估的实施者，这种双重角色可能使学生产生困惑或不信任。例如，学生可能担心在评估中透露的信息会被用于其他目的，如学业评价或纪律处分。

第三，不平等的权力关系可能影响评估结果的解释和使用。辅导员可能基于其管理者的角色，对评估结果做出带有行政色彩的解释或应用，而忽视了心理健康评估的专业性和科学性。

为了应对上述挑战，需要采取以下策略。

1. 明确角色定位。辅导员应该在评估开始前明确自己的角色，解释评估的目的和保密原则，消除学生的疑虑。

2. 建立信任关系。通过日常工作中的良好表现，建立与学生的信任关系，创造开放、诚实的评估氛围。

3. 保护学生权益。确保学生有充分的知情权和选择权，尊重学生拒绝参与评估的权利。

4. 保持专业界限。在评估过程中，辅导员应该严格遵守专业伦理，避免将评估结果用于非专业目的。

5. 寻求外部支持。对于复杂或敏感的评估，可以考虑邀请外部专业人员参与，以增加评估的客观性和中立性。

6. 建立监督机制。学校可以建立评估过程监督机制，确保评估的公正性和科学性。

通过上述措施，可以在一定程度上缓解不平等权力关系对评估的影响，确保评估过程的公正性和有效性。但是完全消除不平等权力关系的影响是不可能的，辅导员需要始终保持对这一问题的警觉，在实践中不断反思和调整。

三、评估结果的使用与保密问题

心理健康评估结果的使用和保密是辅导员面临的另一个重要伦理问题。评估结果包含了学生的敏感个人信息，如果使用不当或泄露，可能对学生造成严重伤害。

关于评估结果的使用，需要遵循以下原则。

1. 目的限制原则。评估结果只能用于事先声明的目的，不得挪作他用。

2. 最小化原则。只使用必要的信息，避免过度收集或使用学生的个人信息。

3. 知情同意原则。在使用评估结果前，应获得学生的知情同意。

4. 公平使用原则。评估结果不应被用于歧视或不公平对待学生。

在保密问题方面，辅导员需要注意以下几点。

1. 严格保密。除非法律要求或获得学生授权，不得向第三方披露评估结果。

2. 安全存储。评估数据应该得到妥善保管，防止未经授权的访问或泄露。

3. 有限共享。只与直接参与学生帮助工作的人员共享必要的信息。

4. 时限规定。制定评估数据的保存和销毁时限，避免长期保存不必要的敏感信息。

5. 例外情况处理。在涉及自身或他人安全时，可能需要打破保密原则，应该事先告知学生这种可能性。

四、文化差异与评估的适用性

在多元文化的大学环境中，文化差异对心理健康评估的影响不容忽视。不同文化背景的学生可能对心理健康有不同的理解，对评估工具的反应也可能有所不同。

辅导员在进行跨文化评估时，需要注意以下几点。

1. 文化敏感性。需要认识到文化差异的存在，避免用单一的文化标准评判所有学生。

2. 工具选择。选择经过跨文化验证的评估工具，或对现有工具进行文化适应性调整。

3. 语言障碍。对非母语学生，考虑提供母语版本的评估工具或翻译服务。

4. 结果解释。在解释评估结果时，要考虑文化因素的影响，避免文化偏见。

5. 干预策略。根据学生的文化背景，制定文化适应的干预策略。

通过关注上述几方面的内容，辅导员可以提高心理健康评估的跨文化适用性，从而更好地服务学生群体。

五、心理健康评估的伦理原则

心理健康评估工作涉及个人隐私和敏感信息，因此必须严格遵守伦理原则。这些原则不仅保护了被评估者的权益，也维护了评估工作的专业性和可信度。

第一，尊重自主原则是首要的伦理原则。这要求评估者充分尊重被评估者的自主权，包括是否参与评估、是否回答特定问题等权利。在评估开始前，必须获得被评估者的知情同意。知情同意包括向被评估者清楚地解释评估的目的、过程、可能的风险和益处，以及评估结果的使用方式。只有在被评估者充分理解并自愿同意的情况下，才能进行评估。

第二，不伤害原则是另一个核心伦理原则。评估过程不应给被评估者带来身心伤害，这包括避免使用具有潜在风险的评估方法、防止评估过程引发不必要的心理压力等。同时，评估结果的使用也不应对被评估者造成负面影响，如歧视或不公平对待。

第三，保密原则在心理健康评估中尤为重要。评估过程中获得的所有信息都应该严格保密，未经被评估者同意不得向第三方透露。但是保密原则也有例外情况，如被评估者有自伤、自杀的倾向，或可能伤害他人时，评估者有责任采取必要的措施以确保安全。

第四，公平公正原则要求评估过程和结果的解释应该公平公正，不受评估者个人偏见或外部因素的影响，这包括使用经过验证的评估工具、遵循标准化的评估程序、客观解释评估结果等。

第五，诚信原则要求评估者在整个评估过程中保持诚实和透明，这包括如实告知评估的目的和可能的结果、不隐瞒重要信息、不夸大评估的作用或效果等。

第六，专业胜任原则要求进行评估的人员应该具备相应的专业知识和技能，只有经过专业培训并获得相应资格的人员才能进行心理健康评估。同时，评估者也应该认识到自身能力的局限，在必要时应寻求专业督导或转介。

第七，利益最大化原则要求评估工作应该以促进被评估者的福祉为最终目标。评估不是目的，主要是为了更好地理解和帮助被评估者。因此，评估结果应该用于制定有针对性的干预策略，而不是简单地给个体贴标签。

第八，文化敏感性原则在多元文化背景下显得尤为重要。评估者应该认识到文化差异可能对评估过程和结果产生的影响，采用文化适应的评估工具和方法，并在解释结果时考虑文化因素。

六、辅导员在评估中面临的伦理困境

辅导员在进行心理健康评估时可能面临多种伦理困境。

第一是角色冲突的问题。辅导员既是学生工作的管理者，又需要在心理健康评估中扮演专业评估者的角色。这种双重角色可能导致学生对评估过程的真实目的产生疑虑，影响评估的真实性和有效性。例如，学生可能担心评估结果会影响其学业评价或就业推荐，从而在评估中有所保留或作假。

第二是保密义务与告知责任的冲突。辅导员在评估过程中可能获知学生的一些敏感信息，如自杀倾向、违法行为等。一方面，保密原则要求辅导员对这些信息保密。另一方面，辅导员又有责任保护学生的安全，预防潜在的危险。在这种情况下，如何平衡保密义务和告知责任成为一个棘手的问题。

第三是专业能力的局限性。虽然辅导员接受过一定的心理健康培训，但他们通常不是专业的心理健康评估者。在面对复杂或严重的心理健康问题时，可能会超出其专业能力范围。如何准确认识自身能力、何时需要寻求专业帮助或进行转介，这些都需要辅导员慎重考虑。

第四是评估结果使用的伦理问题。评估结果如何使用、谁有权力获取这些信息、如何在保护学生隐私和满足教育管理需求之间取得平衡，这些都是辅导员需要面对的伦理难题。不当使用评估结果可能导致学生被贴标签或受到不公平对待。

第五是知情同意的实施难度。在学校环境中，学生可能认为参与评估是一种义务或要求，而非完全自愿的选择。如何确保学生真正理解评估的目的和可能的影响，并自主做出参与决定，这对辅导员来说是一个挑战。

第六是文化敏感性的问题。在多元化的大学环境中，来自不同文化背景的学生可能对心理健康评估有不同的理解和反应。如何选择文化适应的评估工具、如何解释跨文化背景下的评估结果，这些都需要辅导员具备文化敏感性。

第七是评估过程中的权力不平等。辅导员与学生之间存在天然的权力差异，这可能影响评估的客观性和学生的真实表现。如何在评估过程中尽量减少这种权力差异的影响，是辅导员需要考虑的问题。

第八是评估资源的公平分配问题。在资源有限的情况下，如何确保所有需要评估的学生都能得到公平的机会、如何平衡普遍性评估和针对性评估的需求，这些都涉及资源分配的伦理问题。

面对上述伦理困境，辅导员需要不断提高自身的伦理意识和决策能力，在具体情境中做出恰当的伦理判断。同时，学校也应该建立相应的伦理指导原则和决策机制，为辅导员提供必要的支持和保障。

七、处理伦理困境的策略

面对心理健康评估中的伦理困境，辅导员可以采取以下策略来处理。

第一，提高伦理意识和知识。辅导员应该系统学习心理健康评估的伦理原则和相关法规，提高对潜在伦理问题的敏感性。可以通过参加专业培训、阅读相关文献、参与案例讨论等方式，不断更新和深化伦理知识。

第二，明确角色定位。辅导员应该清楚认识自己在心理健康评估中的角色和职责边界。在评估前，辅导员应向学生明确说明自己的角色，以及评估的目的和可能的结果。如果发现角色冲突，应考虑请其他专业人员进行评估。

第三，加强沟通和知情同意。在评估前，辅导员应充分与学生进行沟通，确保学生了解评估的目的、过程和可能的影响。知情同意应该是一个持续的过程，而不是一次性的行为。在评估过程中，如果出现新的情况或需要改变评估计划，应再次获得学生的同意。

第四，严格保密，但要设置合理例外。辅导员应该严格遵守保密原则，但同时也要明确告知学生保密的限度，如在涉及自身或他人安全时的例外情况。当面临是否打破保密原则的困境时，辅导员应该权衡利弊，必要时可以咨询专业人士或上级主管。

第五，注重文化敏感性。在评估过程中，辅导员应该考虑文化因素的影响，选择文化适应的评估工具和方法。对于来自不同文化背景的学生，应该尊重其文化习俗和价值观，避免用单一的文化标准进行判断。

第六，建立伦理决策模型。面对复杂的伦理困境，辅导员可以采用结构化的伦理决策模型，通常包括识别问题、收集相关信息、考虑可能的行动方案、评估每种方案的后果、做出决策并付诸实施等步骤。

第七，寻求专业支持和督导。当面临超出自身能力范围的评估任务或复杂的伦理困境时，辅导员应该主动寻求专业人士的帮助或督导。这不仅可以提高评估的质量，也可以分散伦理决策的风险。

第八，建立伦理审查机制。学校可以建立心理健康评估伦理审查委员会，为辅导员提供伦理指导和决策支持。对于重大或复杂的伦理问题，可以提交委员会讨论决策。

第九，定期反思和改进。辅导员应该定期反思自己的评估实践，识别潜在的伦理问题，总结经验教训。可以通过同伴讨论、案例分析等方式，不断改进评估实践。

第十，平衡多方利益。在处理伦理困境时，辅导员需要考虑学生、学校、社会等多方面的利益，应该尽量找到能够兼顾各方利益的解决方案，在无法完全满足所有方面的利益时，应该以学生的利益最大化为首要考虑。

通过上述策略，辅导员可以更好地应对心理健康评估中的伦理挑战，提高评估的专业性和可信度，更好地保护学生的权益。

八、建立伦理决策的机制和流程

为了帮助辅导员更好地处理心理健康评估中的伦理问题，建立一套系统的伦理决策机制和流程是十分必要的，这套机制和流程应该包括以下几个关键环节。

第一，建立伦理委员会。学校应该成立专门的心理健康评估伦理委员会，由心理学专家、法律顾问、学生工作负责人等组成，主要负责制定伦理指导原则、审查评估方案、处理重大伦理问题、为辅导员提供伦理咨询等。

第二，制定伦理守则。学校应该根据国家的相关法律法规和专业伦理准则，结合本校实际情况，制定适用于心理健康评估的伦理守则，主要内容应包括明确规定评估的基本原则、操作规范、伦理决策流程等，为辅导员提供明确的行为指南。

第三，建立伦理决策流程。当辅导员遇到伦理困境时，可以遵循以下步骤：识别伦理问题；收集相关信息；考虑可能的行动方案；评估每种方案的后果；咨询同事或专家意见；做出决策；实施决策并评估结果。这个流程应该形成书面文件，供辅导员参考。

第四，设立伦理咨询机制。学校可以设立伦理咨询热线或邮箱，由专业人员为辅导员提供及时的伦理咨询服务。对于一些常见的伦理问题，可以编制案例库和解决方案，供辅导员参考。

第五，开展伦理培训。学校应该定期为辅导员开展心理健康评估伦理培训，包括伦理理论学习、案例分析、角色扮演等形式，提高辅导员的伦理意识和决策能力。

第六，建立伦理审核制度。对于涉及敏感问题或高风险群体的评估方案，应该事先提交伦理委员会审核，审核内容包括评估目的、方法、工具，以及知情同意程序、数据保护措施等。

第七，制定紧急情况处理预案。对于评估过程中可能出现的紧急情况(如发现自杀倾向)，应该制定明确的处理预案，明确各方职责和操作流程。

第八，建立评估后续跟进机制。评估结束后，应该有专门的机制跟进评估结果的使用情况，确保评估结果被恰当使用，并为学生提供必要的支持和帮助。

第九，设立申诉渠道。为被评估者设立申诉渠道，使其在认为自己的权益受到侵犯时能够寻求帮助和纠正。

第十，定期进行伦理审计。学校应该定期对心理健康评估工作进行伦理审计，检查评估过程是否符合伦理要求，并据此改进相关的机制和流程。

通过建立上述完整的伦理决策机制和流程，可以为辅导员提供必要的指导和支持，减少伦理风险，提高心理健康评估的质量和可信度。同时，也有助于保护学生的权益，维护心理健康评估工作的专业性和公信力。

上述伦理决策机制和流程的有效实施还需要几个方面的支持。首先，需要学校领导的重视和支持。心理健康评估的伦理建设应该纳入学校的整体工作规划，获得必要的人力、物力支持。其次，需要建立跨部门协作机制。心理健康评估涉及学生工作、教务、医疗等多个部门，需要建立有效的协作机制，确保信息共享和工作协调。最后，需要建立评估和改进机制。定期评估伦理决策机制和流程的实施效果，并根据实践中遇到的问题和新出现的挑战，不断进行完善和更新。

总的来说，辅导员在心理健康评估过程中的伦理考量是一个复杂而重要的问题，涉及专业伦理、法律法规、教育管理等多个领域，需要辅导员具备高度的伦理意识和专业素养。通过建立健全的伦理决策机制和流程，提供必要的支持和指导，可以帮助辅导员更好地应对伦理挑战，提高心理健康评估的质量和效果。同时，这也是一个需要持续关注和改进的领域，随着社会的发展和新技术的应用，可能会出现新的伦理问题和挑战，需要教育工作者和研究者不断更新和完善相关的理论和实践。

第六章　大学生心理危机的预防与干预

第一节　大学生心理危机的类型与特点

一、心理危机的定义与理论基础

心理危机是指个体面临超出其应对能力的严重心理压力或挑战，导致心理平衡严重失调，无法通过常规方法解决，可能引发严重后果的状态。在大学生群体中，心理危机的发生不仅影响个人的心理健康和学业发展，还可能引发一系列社会问题。

心理危机理论的发展为理解和干预大学生心理危机提供了重要的理论基础。卡普兰的危机理论指出，危机是一种暂时性的心理失衡状态，个体的常规问题解决方法失效，导致焦虑和紧张情绪升高。这种状态如果得到适当处理，可能促进个体成长。如果处理不当，则可能导致心理功能的退化。林德曼的灾难应激理论强调了突发事件对个体心理的冲击，为理解创伤性事件导致的心理危机提供了理论框架。埃里克森的心理社会发展理论则为理解大学生特定年龄阶段的发展危机提供了视角。认知评价理论强调了个体对压力事件的认知评价在心理危机形成过程中的关键作用，为理解大学生为何在面对相似压力时会有不同反应提供了解释框架。社会支持理论强调社会关系网络在预防和缓解心理危机中的重要作用。积极心理学理论为理解和促进心理危机后的成长提供了新的视角。

上述理论共同构成了理解大学生心理危机的理论基础，强调了心理危机的暂时性、发展性和可干预性。同时，这些理论也指出了及时识别和有效干预的重要性，为大学生心理危机的预防和干预工作提供了理论指导。在实际教育工作中，需要综合运用这些理论，全面理解大学生心理危机的特点和机制，制定有效的预防和干预策略。

二、常见的大学生心理危机类型

常见的大学生心理危机可以从多个维度进行分类，以下是基于危机来源和表现形式进行的分类。

1. 学业危机。这是大学生最常见的心理危机类型之一，这类危机可能源于学业压力过大、学习困难、考试失利等。学业危机可能表现为严重的学习焦虑、学习动力丧失、逃避学习等，其特点与学生的核心任务直接相关，影响范围较广，常常伴随着自我价值感的降低。

2. 人际关系危机。这是大学生常见的心理危机类型，主要包括与同学和室友的关系冲突、恋爱关系的挫折、与家人关系的紧张等。人际关系危机可能导致孤独感、被抛弃感，严重时可能引发社交退缩或攻击行为。这类危机的特点是容易引发情绪波动，影响学生的社会功能。

3. 自我认同危机。这是大学生这一特定年龄阶段的典型危机，主要表现为在自我价值、人生目标、职业方向等方面的深度困惑。自我认同危机可能导致严重的自我怀疑、生活目标丧失、行为反复无常等，其特点是涉及个体的价值观和人生方向，对学生的影响深远。

4. 创伤性事件引发的危机。这类危机可能源于意外事故、亲人离世、遭受暴力等突发性创伤事件，常常表现为急性应激反应、创伤后应激障碍等，其特点是起因突然，心理冲击强烈，常需要专业的心理干预。

5. 精神障碍相关的危机。这是一类需要特别关注的心理危机，主要包括抑郁症、焦虑症、精神分裂症等精神疾病导致的危机状态，其特点是病因复杂，症状严重，通常需要药物治疗和长期心理干预的配合。

了解上述不同类型的心理危机及其特点，对于准确识别和有效干预大学生心理危机至关重要。在实际教育工作中，需要注意这些心理危机之间可能存在的交叉和互动，一种类型的心理危机可能引发或加重另一种类型的心理危机。因此，在进行危机评估和干预时，需要全面考虑各种可能的心理危机类型及其相互影响。

三、心理危机的发展阶段与特征

心理危机的发展通常遵循一定的阶段性，了解这些阶段的特征对于及时识别和有效干预至关重要。

卡普兰提出的心理危机四阶段理论为理解心理危机的发展过程提供了重要框架。第一阶段是紧张刺激阶段。在这个阶段，个体遇到超出其常规应对能力的压力事件，开始感到紧张和焦虑。这个阶段的特征是情绪波动增大，但个体仍能维持基本的日常功能。及时识别这一阶段的征兆，可以通过早期干预预防心理危机的进一步发展。第二阶段是防御失效阶段。随着压力的持续增大，个体的常规应对方法开始失效，紧张感和无助感增强。这个阶段的特征是情绪明显低落或不稳定，日常功能开始受到影响，如出现睡眠障碍、饮食改变等。在这个阶段进行干预，可以有效阻止心理危机的进一步恶化。第三阶段是紧急动员阶段。在这个阶段，个体意识到情况的严重性，开始尝试新的问题解决方法。这个阶段的特征是行为可能变得不稳定，有时表现出强烈的求助愿望，有时又表现出极度的退缩。这是心理危机干预的关键时期，适当的支持和引导可以帮助个体找到有效的解决方法。第四阶段是崩溃或重整阶段。如果前面的几个阶段没有得到有效处理，个体可能进入崩溃状态，表现为严重的心理失调，甚至出现自伤、自杀等极端行为。但如果此时得到适当的帮助，个体也可能在这个阶段实现心理重整，找到新的平衡。

了解上述不同心理危机阶段的各自特征，有助于教育工作者和心理健康专业人员及时识别心理危机信号，在适当的时机提供干预。然而需要注意的是，在实际情况中，这些阶段可能并不是严格线性发展的，有时可能会出现反复或跳跃。因此，在进行心理危机评估时，需要全面考虑个体的具体情况，而不应机械地套用阶段理论。同时，不同类型的心理危机可能在发展过程中表现出不同的特征，这就要求在实际工作中灵活运用理论知识，根据具体情况做出判断和干预。

四、大学生心理危机的特殊性

大学生的心理危机具有一定的特殊性，这些特殊性源于大学生的年龄特征、身份特点和所处的特定环境。

第一，大学生正处于青年期向成年期过渡的关键阶段，面临着自我认同、独立性发展等重要的心理发展任务，这使得他们在面对压力和挑战时常常伴随着更深层次的自我怀疑和价值困惑。

第二，大学环境是一个相对封闭和高度竞争的环境，学生面临着学业、人际、就业等多方面的压力，这种环境特点可能加剧心理危机的发生和发展。

第三，大学生群体中普遍存在的同辈压力和从众心理，可能导致心理危机的群体性和传染性。例如，一个学生的自杀行为可能引发其他学生的模仿行为。

第四，虽然大学生的家庭依赖性逐渐减弱，但其独立生活能力尚未完全形成，这种半独立状态可能增加他们在面对心理危机时的脆弱性。

第五，大学生的认知能力已经达到较高水平，他们能够进行复杂的思考和推理，这就意味着他们可能会过度分析问题，从而陷入反刍思维，加重心理困扰。同时，他们对问题的深入思考也可能成为危机干预的一个切入点。

第六，大学生群体普遍具有较强的网络依赖性，网络空间成为他们情感宣泄和寻求帮助的重要渠道，这虽然为心理危机的识别和干预提供了新的途径，但也带来了新的挑战。

第七，大学生群体中存在一定比例的特殊群体，如留学生、少数民族学生、残障学生等，他们可能面临着额外的适应压力和文化冲突，从而增加了心理危机的复杂性。

了解上述大学生心理危机的特殊性，有助于更好地理解大学生心理危机的发生机制，从而制定更有针对性的预防和干预策略。在实际教育工作中，需要充分考虑这些特殊性，采取适合大学生群体的方法和技术，提高危机干预的有效性。同时，也需要注意个体差异，避免过度泛化。每个大学生都是独特的个体，其心理危机的表现和发展可能有其特殊性，这就要求教育工作者在进行危机评估和干预时保持开放和灵活的态度，根据具体情况制定个性化的干预方案。

第二节　心理危机的早期识别与评估

一、心理危机早期识别的重要性

心理危机的早期识别对于有效预防和干预大学生心理问题至关重要，及时识别危机信号可以在问题恶化之前采取适当的干预措施，降低危机升级的风险，减少潜在的负面后果，心理危机早期识别的重要性体现在以下几个方面。

第一，心理危机早期识别能够提高干预的效率和效果。心理危机在早期阶段通常更容易管理和缓解，所需的资源和时间也相对较少。及时识别可以让教育工作者和心理健康专业人员在问题尚未完全显现时就开始干预，大大提高了干预的成功率。

第二，心理危机早期识别有助于预防心理危机的恶化和扩散。许多严重的心理问题往往是由初期被忽视的小问题逐渐发展而来的。通过早期识别，可以阻止心理问题的进一步发展，防止其影响到学生生活的其他方面。

第三，心理危机早期识别可以减少心理危机对学生学业和生活的影响。心理问题如果得不到及时处理，可能会严重影响学生的学习效率、人际关系和日常功能。及时识别和干预可以最大限度地降低这些负面影响，帮助学生维持正常的学习和生活。

第四，心理危机早期识别有助于降低严重心理问题和自伤自杀行为的发生率。许多极端行为往往有先兆和预警信号，如果能够及时识别这些先兆和信号并采取干预措施，就可能避免悲剧的发生。

第五，从资源利用的角度来看，心理危机早期识别更加经济有效。相比于处理已经严重化的心理问题，早期干预通常需要较少的人力和物力资源，这对于资源有限的教育机构来说尤为重要。

第六，心理危机早期识别有助于创造积极的校园氛围。当学生感受到学校对其心理健康的重视和关注时，会增强安全感和归属感，这有利于形成互相关心、互相帮助的校园文化。

然而，实现有效的心理危机早期识别也面临着一些挑战。例如，某些心理问题的早期症状可能不明显或容易被误解；一些学生可能会刻意隐藏自己的心理问题；教育工作者可能缺乏识别心理危机的专业知识。这就要求学校建立系统的心理危机早期识别机制，包括提高教职工的心理健康意识、开展定期的心理健康筛查、建立多渠道的信息收集系统等。同时，还需要注意保护学生的隐私，避免因过度关注而造成标签化或歧视。

总的来说，心理危机的早期识别是一项复杂但极其重要的工作，需要学校、家庭和社会各方面的共同努力。通过有效的心理危机早期识别，可以为大学生创造更加安全、健康的成长环境，帮助他们更好地应对心理挑战，实现全面发展。

二、心理危机的预警信号

识别心理危机的预警信号是早期发现和干预的关键，这些预警信号可能表现在情绪、行为、认知和生理等多个方面。

在情绪方面，预警信号包括：情绪波动加剧，如突然变得易怒或敏感；持续的低落情绪或无法解释的悲伤；明显的焦虑或恐慌症状；情感麻木或对以往感兴趣的事物失去兴趣；强烈的孤独感或绝望感。

在行为方面，预警信号包括：学习成绩突然下降或频繁旷课；社交行为的明显变化，如突然变得孤僻或过度依赖他人；自我伤害行为或有关自杀的言论；滥用药物或酒精；睡眠模式的显著改变，如失眠或过度睡眠；饮食行为的改变，如暴饮暴食或严重的进食减少；个人卫生习惯的改变。

在认知方面，预警信号包括：注意力难以集中或记忆力明显下降；思维变得混乱或不合逻辑；出现不合理的恐惧或偏执想法；对未来持极度悲观态度；自我评价过度消极。

在生理方面，预警信号包括：持续的身体不适，如头痛、胃痛等，但无明显的生理原因；体重的显著变化；慢性疲劳或精力明显下降等。

此外，还需要关注一些特殊的预警信号，如突然的财务行为改变（如大量消费或者处理个人物品）、写遗书或交代后事、与重要的他人告别等，这些可能预示着自杀风险。在网络时代，一些网络行为也可能成为预警信号，如在社交媒体上发布极度消极或暗示自杀的内容、突然退出所有网络社交群组等。

需要注意的是，上述预警信号并非孤立存在，通常是多个信号同时出现或相互影响。同时，这些预警信号的严重程度和持续时间也是需要考虑的重要因素。偶尔出现的单一症状可能不足以构成心理危机，但如果多个症状同时出现且持续较长时间，就需要高度警惕。此外，还要考虑个体差异和文化因素的影响。例如，有些学生可能不善于表达情绪，其预警信号可能更多地表现在行为或生理方面。因此，在识别预警信号时需要采取整体的、动态的视角，结合学生的个人特点和背景情况进行综合判断。同时，也要避免过度解读或贴标签，应保持开放和支持的态度。教育工作者、辅导员和心理健康专业人员需要接受专门的培训，提高对这些预警信号的敏感度和识别能力。此外，建立多方位的信息收集渠道也很重要，如鼓励同学之间的互相关心、加强与家长的沟通等，以便及时发现潜在的预警信号。

总的来说，准确识别心理危机的预警信号是一项需要专业知识、丰富经验和高度敏感性的工作。通过系统的培训和实践，可以提高对这些预警信号的识别能力，为及时干预和有效预防奠定基础。

三、心理危机评估的方法与工具

心理危机评估是在识别到潜在的危机信号后，对个体心理状态进行系统、全面评估的过程。有效的评估不仅能确定危机的性质和严重程度，还能为后续的干预提供重要依据。心理危机评估通常采用多种方法和工具相结合的方式，以获得全面、准确的信息。

第一，临床访谈是最基本也是最重要的评估方法。结构化或半结构化的访谈可以帮助评估者系统地了解个体的心理状态、问题的起因和发展过程、个人历史和背景信息等，常用的访谈工具包括自杀意念量表、贝克抑郁量表的访谈版等。在访谈过程中，评估者需要注意建立安全、信任的氛围，同时保持专业和客观。

第二，心理测量工具是评估的重要辅助手段，通常包括自评量表和他评量表。常用的自评量表有症状自评量表、贝克抑郁量表、状态—特质焦虑问卷等。他评量表，如汉密尔顿抑郁量表则需要由专业人员评定。这些量表可以快速、客观地评估个体的心理症状和严重程度。

第三，行为观察是另一种重要的评估方法。通过观察个体的言行、表情、肢体语言等，可以获得许多非语言信息，如观察个体的精神状态、情绪反应、与他人的互动方式等。在危机评估中，行为观察尤其重要，因为一些危机信号（如自杀意图）可能通过行为表现更容易被发现。

第四，收集信息也是评估过程中的重要环节，包括从家人、朋友、老师等方面了解个体的近期表现和变化。这些信息可以为评估提供更广泛的视角，有助于了解问题的背景和影响范围。对于大学生群体，还可以考虑收集学习成绩、出勤记录等客观数据作为辅助信息。

第五，风险评估是心理危机评估中的关键部分，包括评估自伤自杀风险、暴力风险、滥用风险等。常用的风险评估工具包括自杀风险评估量表、暴力风险评估 20 项等。在进行风险评估时，需要全面考虑危险因素和保护因素。

第六，近年来，一些新型的评估方法也开始应用于心理危机评估中。例如，生理指标测量（如皮肤电反应、心率变异性）可以提供客观的压力水平信息；网络行为分析可以从学生的网络活动中发现潜在的危机信号；虚拟现实技术可以创造模拟环境，评估个体在特定情境下的反应。这些新方法为危机评估提供了新的视角和可能性。

在使用上述工具时需要注意其适用性和文化敏感性，并结合其他信息综合解释结果。

在实施心理危机评估时，需要注意几个方面。首先，评估应该是一个动态的过程，不应仅依赖于一次的评估结果。其次，评估方法的选择应该根据个体情况和评估目的来确定。再次，评估过程应该遵循伦理原则，尊重个体的权益，保护其隐私。最后，评估结果的解释需要结合个体的文化背景和具体情境。

总的来说，心理危机评估是一个复杂的过程，需要评估者具备专业知识和丰富经验，能够灵活运用各种评估方法和工具，并对评估结果做出准确的判断和解释。通过科学、全面的心理危机评估，可以为后续的危机干预提供可靠的依据，从而提高干预的针对性和有效性。

四、评估结果的解释与应用

心理危机评估结果的解释和应用是一个复杂而重要的过程，直接影响后续干预策略的制定和实施。

第一，评估结果的解释需要采取整体、动态的视角，这就意味着不能仅仅关注单一的测量分数或孤立的症状，而是要综合考虑各种评估方法得到的信息，包括量表得分、访谈内容、行为观察结果等。同时，还需要将这些信息放在个体的发展背景和当前生活情境中进行理解。例如，一个学生的抑郁量表得分可能较高，但如果结合其近期经历的重大生活事件（如亲人离世）来看，这种情绪反应可能是正常的适应过程的一部分。

第二，评估结果的解释应该考虑文化因素和个体差异，不同文化背景的学生可能对心理健康问题有着不同的理解和表达方式。例如，在某些文化中，身体症状可能是表达心理困扰的主要方式。因此，在解释评估结果时需要具备文化敏感性，避免用单一的标准评判所有学生。

第三，评估结果的解释应该关注危险因素和保护因素的平衡。危险因素包括可能增加心理危机风险的各种因素，如负性生活事件、社会支持缺乏等。保护因素则是可能降低心理危机风险或增强应对能力的因素，如良好的问题解决能力、稳定的家庭关系等。通过权衡这些因素，可以更准确地评估心理危机的严重程度和发展趋势。

在应用评估结果时，首先要确定心理危机的紧急程度和干预的优先级。一般来说，可以将危机程度分为低风险、中等风险和高风险等 3 个层级。对于高风险个体，如有明确的自杀计划或严重的精神病性症状，需要立即采取干预措施，包括住院治疗、密切监护等。中等风险个体可能需要门诊治疗或短期的危机干预。低风险个体则可能适合一般性的心理辅导或支持性治疗。其次，评估结果应该用于制订个性化的干预计划，包括确定干预的目标、选择适当的干预方法、制订具体的行动计划等。例如，如果评估发现学生的主要问题是学业压力导致的焦虑，那么干预计划应该包括学习技能训练、时间管理指导、减压技巧练习等；如果评估发现学生的主要问题是人际关系困扰，那么社交技能训练或人际关系治疗可能更为适合。评估结果还应该用于确定干预的形式，如个别咨询、团体辅导、家庭治疗等。此外，评估结果可以帮助确定是否需要多专业协作干预。例如，如果评估发现学生同时存在严重的情绪问题和物质滥用问题，就可能需要心理咨询师和精神科医生的共同参与。评估结果的应用还包括制订安全计划。对于有自伤自杀风险的学生，需要根据评估结果制定详细的安全预案，包括确定危险信号、制定应对策略、明确求助渠道等。安全计划应该与学生共同制订，并告知相关人员（如家人、辅导员）。同时，评估结果也应该用于指导后续的监测和跟进工作。根据评估的危机程度和特点，制订相应的跟进计划，如定期的再评估、进展监测等，这有助于及时调整干预策略，确保干预的持续有效性。在机构层面，评估结果的汇总分析可以用于优化心理健康服务体系。通过分析评估数据，可以识别常见的问题类型和高风险群体，从而有针对性地开展预防性工作和资源配置。例如，如果发现某个专业或年级的学生心理问题发生率较高，可以考虑为该群体提供额外的支持服务。

然而，在应用评估结果时也需要注意一些潜在的问题。首先，要避免过度解读或简单化。评估结果提供的是当前状态的截面信息，不应将其视为对个体的永久性标签。其次，要注意保护学生的隐私。评估结果是敏感信息，其使用和分享应该严格遵守伦理原则和相关法规。最后，要警惕评估结果可能带来的负面影响，如标签效应或自证预言。因此，在向学生反馈评估结果时，需要采取适当的方式，强调问题的可改变性和个人成长的可能性。

评估结果的解释和应用是一个需要专业判断的过程，往往需要评估者具备丰富的临床经验和深厚的理论基础，能够灵活地整合各种信息，做出准确的判断。因此，对于复杂或高风险的案例，建议由有经验的专业人员进行评估结果的解释和应用，必要时可以进行团队讨论和决策。

总的来说，心理危机评估结果的解释和应用是连接评估和干预的关键环节。通过科学、全面的解释和恰当、有效的应用，可以最大限度地发挥评估的价值，为学生提供最适合的帮助，从而促进其心理健康的恢复和发展。同时，这也是一个需要不断学习和改进的过程，随着研究的深入和实践经验的积累，对评估结果的理解和应用也将不断深化和完善。

第三节 心理危机干预的流程与技巧

一、心理危机干预的基本原则

心理危机干预是一种针对处于急性心理危机状态的个体所采取的紧急心理援助措施，其目的是帮助个体渡过危机，恢复心理平衡，并预防更严重问题的发生。在开展大学生心理危机干预时需要遵循一系列基本原则，以确保干预的有效性和安全性。

1. 及时性原则。心理危机往往具有紧迫性，需要在最短时间内做出反应。及时的干预可以防止危机进一步恶化，降低负面影响。因此，学校应建立 24 小时危机响应机制，确保能够迅速应对突发的心理危机事件。

2. 安全性原则。在进行干预之前，首先要确保当事人及其他相关人员的人身安全。对于有自伤自杀风险的学生，可能需要采取必要的保护措施，如 24 小时陪护、清除危险物品等。

3. 专业性原则。心理危机干预是一项专业性很强的工作，应由经过专门训练的人员来进行。这就要求高校配备专业的心理危机干预团队，并为其提供持续的培训和督导。非专业人员（如辅导员、班主任）在发现心理危机后，应迅速将学生转介给专业人员处理。

4. 个别化原则。每个学生的心理危机情况都是独特的，干预策略应根据学生的个性特点、文化背景、危机类型和严重程度等因素进行调整。

5. 整体性原则。心理危机干预不应仅关注表面的症状，而应从整体角度理解学生的问题。这就意味着需要考虑学生的心理、生理、社会等多个方面，并在必要时采取多专业协作的方式。

6. 赋能原则。心理危机干预的目标不仅是帮助学生渡过当前的危机，更重要的是增强其应对未来挑战的能力。因此，干预过程应注重培养学生的问题解决能力和心理韧性。

7. 保密性原则。要尊重学生的隐私权，对干预过程中获得的信息严格保密。同时也要分清保密的限度，当学生有严重的自伤自杀风险时，可能需要通知其家人或相关部门。

8. 持续性原则。心理危机干预不是一次性的工作，而是一个持续的过程，需要进行定期的跟进和评估，并根据学生的恢复情况及时调整干预策略。

9. 系统性原则。有效的心理危机干预需要调动多方资源，包括学校、家庭、社会等。这就要求学校建立完善的心理危机干预网络，明确各方职责，保证资源的有效整合。

10. 文化敏感性原则。在多元文化的大学环境中，心理危机干预者需要尊重和理解不同文化背景学生的价值观和行为模式，采用文化适应的干预方法。

通过遵循上述原则，可以提高心理危机干预的有效性，更好地帮助处于心理危机中的学生。然而需要注意的是，这些原则并非绝对的规则，在实际应用中需要根据具体情况灵活处理。同时，随着研究的深入和实践经验的积累，这些原则也在不断发展和完善。因此，心理危机干预者需要保持开放的学习态度，不断更新知识和技能，以适应不断变化的需求和挑战。

二、心理危机干预的主要流程

心理危机干预是一个系统、有序的过程，通常包括以下几个主要步骤。

第一步是危机识别。这个阶段的主要任务是确认是否存在心理危机，评估危机的性质和严重程度。可以通过观察、交谈、使用评估量表等方式收集信息。需要特别关注的是自杀风险的评估，包括自杀意念、计划、手段等。

第二步是建立融洽关系。在进行干预之前，需要与当事人建立信任关系，包括表现出同理心、尊重和接纳的态度、创造安全和舒适的交流环境等，良好的信任关系是有效干预的基础。

第三步是问题评估。这一阶段需要全面了解导致心理危机的原因、当事人的心理状态、可用的资源和支持系统等。评估应该是动态的过程，随着干预的进行不断更新和深化。

第四步是制订干预计划。根据评估结果，制订个性化的干预计划。干预计划应该包括短期目标和长期目标，要明确干预的方法、频率和预期效果。

第五步是实施干预。这是整个心理危机干预过程的核心，包括情绪支持、认知重构、问题解决、行为干预等，干预的具体内容和方法应根据当事人的需求和问题特点灵活调整。

第六步是安全计划制订。对于有自伤自杀风险的学生，需要制订详细的安全计划，包括识别危险信号、制定应对策略、明确求助渠道等。

第七步是资源链接。根据实际需要，将当事人与其他资源和支持系统连接起来，如专业的心理咨询、精神科治疗、学业辅导、家庭支持等。

第八步是跟进和评估。心理危机干预不是一次性的工作，需要进行持续的跟进。应该定期评估干预效果，根据实际情况及时调整干预策略。

第九步是结案和预防。当心理危机得到有效控制，当事人恢复正常功能后，可以考虑结案。但结案并不意味着工作的结束，还需要制订预防复发的计划。

在心理危机干预的过程中需要注意几个方面。首先，各个步骤并非严格的线性过程，可能会有重叠和反复。其次，整个过程应该是灵活的，能够根据情况的变化及时调整。再次，在条件允许的情况下，应该采取团队合作的方式，不同专业背景的人员共同参与，以确保干预的全面性和有效性。最后，整个过程都应该尊重当事人的意愿，鼓励其主动参与，增强其自主性和责任感。

通过遵循上述步骤，可以确保心理危机干预工作的系统性和有效性，为学生提供全面、专业的帮助。然而需要强调的是，每个心理危机的情况都是独特的，心理危机干预者需要根据具体情况灵活运用这些步骤，而不是机械地套用。同时，随着心理危机干预研究的深入，这些步骤也可能会有新的发展和调整。因此，心理危机干预者需要不断学习和更新知识，以提供最适合的帮助。

三、心理危机干预的主要技术

心理危机干预涉及多种专业技术，在应用时需要根据心理危机的性质、严重程度和当事人的特点进行灵活调整，以下是一些常用的心理危机干预技术。

1. 同理心技术，这是心理危机干预中最基本也是最重要的技术之一。通过准确理解和反映当事人的情感体验，可以帮助其感到被理解和支持，减少孤立感。同理心技术包括积极倾听、情感反映、内容复述等。

2. 情绪宣泄和支持技术，旨在帮助当事人释放压抑的情绪，获得情感支持，包括鼓励表达、情绪命名、情绪接纳等。对于处于高度情绪状态的学生，情绪宣泄可以帮助其缓解内心压力，为进一步干预创造条件。

3. 认知重构技术，这是针对心理危机中常见的非理性认知进行干预的重要方法，包括识别非理性信念、质疑和挑战不合理想法、建立更加理性和适应性的认知模式等。例如，对于因学业失败而产生强烈自责和无望感的学生，可以帮助其重新评估事件的意义，建立更加平衡的自我评价。

4. 问题解决技术，旨在提高当事人应对问题的能力，包括问题定义、头脑风暴、方案评估、行动计划制订等。通过系统的问题解决训练，可以增强学生的自我效能感，减少无助感。

5. 放松训练技术，可以帮助学生缓解身心紧张状态，快速降低焦虑水平，为进一步干预创造条件，包括深呼吸练习、渐进性肌肉放松、意象放松等。

6. 行为活化技术，主要用于应对抑郁状态，通过鼓励和安排愉快或有成就感的活动，可以改善情绪状态，增强生活动力。

7. 社会支持动员技术，旨在调动和优化当事人的社会支持网络，包括家庭支持、同伴支持、学校支持等，良好的社会支持可以显著提高心理危机的应对能力。

8. 正念技术，在近年来的心理危机干预中得到越来越多的应用，通过培养当下觉知能力，可以帮助学生更好地管理情绪和压力。

9. 现实治疗技术，强调个人责任和当前行为，可以帮助学生更好地面对现实，做出负责任的选择。

10. 叙事治疗技术，通过重新建构生活故事，可以帮助学生找到新的意义和希望。

此外，对于有自杀风险的学生，需要运用特殊的干预技术，如自杀意念评估技术、安全协议签订、希望创建等。

在应用上述技术时需要注意几点。首先，技术的选择应该基于全面的评估，要针对学生的具体问题和需求。其次，通常需要综合运用多种技术，而不是单独地使用某一个技术。再次，技术的应用应该循序渐进，从简单到复杂，避免给学生带来过大的压力。最后，对于技术的应用效果需要进行持续评估和调整。

通过熟练掌握和灵活运用上述技术，可以显著提高心理危机干预的效果。然而需要强调的是，技术只是工具，真正重要的是心理危机干预者的专业素养和对学生的真诚关怀。因此，除了不断提升技术水平，心理危机干预者还需要培养自身的专业素养，包括同理心、职业道德、文化敏感性等。

同时，随着心理危机干预研究的深入和新技术的出现，心理危机干预的技术体系也在不断发展。例如，虚拟现实技术、在线干预技术等新方法的应用，为心理危机干预提供了新的可能性。因此，心理危机干预者需要保持开放的学习态度，及时了解和掌握新的干预技术，以更好地服务学生需求。

四、特殊类型心理危机的干预策略

不同类型的心理危机需要采取不同的干预策略，以下是几种特殊类型心理危机的干预策略。

1. 自杀危机的干预，安全是首要考虑，需要立即评估自杀风险，包括自杀意念、计划、手段等，高危个体可能需要住院治疗或进行 24 小时监护。干预策略包括：建立治疗联盟，增强求生欲望；识别和应对自杀触发因素；制订详细的安全计划；增强社会支持；治疗潜在的精神障碍（如抑郁症）。同时，需要注意自杀行为的传染性，防止群体性自杀事件的发生。

2. 创伤后危机的干预，首要任务是保证安全感和稳定性。初期的干预策略包括：提供情感支持和安慰；协助建立日常生活规律；教授简单的压力管理技巧。中长期的干预可能涉及创伤治疗技术，如认知处理疗法、眼动脱敏与再处理等。需要注意的是，不是所有创伤经历者都需要立即接受深入的创伤治疗，有时观察等待也是一种策略。

3. 学业危机的干预，需要综合考虑学业压力、学习能力、自我期望等因素。干预策略包括：帮助制定可行性强的学习目标；培养有效的学习策略；提高时间管理能力；调整不合理的学业期待；必要时协调学校相关部门，如申请暂缓考试、调整学习计划等。

4. 人际关系危机的干预，首先需要评估关系困扰的性质和程度。干预策略包括：提高人际交往技能；改善沟通方式；调整对人际关系的认知和期望；必要时进行人际关系重建。对于严重的人际冲突，可能需要进行调解或家庭治疗。

5. 适应危机（如新生适应问题）的干预，需要关注环境因素和个人因素的相互作用。干预策略包括：提供环境适应指导；增强社交支持网络；培养问题解决能力；调整不切实际的期望；必要时协调学校提供额外的支持服务。

6. 身份认同危机的干预，需要帮助学生探索和整合自我概念。干预策略包括：促进自我探索和反思；协助建立明确的价值观和人生目标；增强自我接纳；必要时提供职业生涯规划指导。

7. 物质滥用相关危机的干预，需要采取多维度的干预策略。干预策略包括：进行动机性访谈以增强戒断动机；进行认知行为治疗以改变不良认知和行为模式；进行家庭治疗以改善家庭功能；必要时转介至专业的戒毒机构。

8. 精神疾病相关危机（如精神病性发作）的干预，首要任务是评估安全风险和症状的严重程度，可能需要紧急精神科会诊和药物治疗。干预策略包括：提供安全、结构化的环境；进行心理教育以增进对疾病的理解和治疗的依从性；支持性心理治疗；家庭心理教育。

值得注意的是，随着社会的发展，可能会出现新的心理危机类型，如网络成瘾危机、就业压力危机等。这就要求心理危机干预者不断更新知识和技能，以应对新的挑战。同时，文化因素在心理危机干预中的作用也越来越受到重视。在多元文化的大学环境中，需要采取文化敏感的干预策略，尊重不同文化背景学生的价值观和行为模式。

总的来说，特殊类型心理危机的干预是一项复杂的工作，需要心理危机干预者具备广泛的知识基础、丰富的实践经验和灵活的应变能力。通过持续的学习和实践，可以不断提高对各类心理危机的干预能力，为学生提供更有效的帮助。随着心理学、脑科学等领域研究的深入，对心理危机的理解和干预方法也在不断更新和完善。因此，保持开放和学习的态度，关注最新的研究成果和实践经验，对于提高心理危机干预的效果至关重要。

第四节 心理危机干预的效果评估与持续关注

一、心理危机干预效果评估的重要性

心理危机干预效果评估是整个干预过程中不可或缺的重要环节，不仅能够验证干预的有效性，还能为后续的干预策略调整和改进提供重要依据，心理危机效果评估的重要性主要体现在以下几个方面。

第一，心理危机干预效果评估能够客观衡量干预的成效。通过系统的效果评估，可以了解干预是否达到了预期目标、学生的心理状态是否得到改善、心理危机是否得到了有效控制，可以为体现干预工作的价值提供有力的证据支持。

第二，心理危机干预效果评估可以帮助识别干预中的不足之处。通过详细的效果评估，可以发现干预过程中存在的问题或局限性，如某些干预策略的效果不理想，或者某些方面的需求未被满足等，这对于改进和优化干预方案至关重要。

第三，心理危机干预效果评估可以为个案的后续跟进提供指导。通过全面的效果评估，可以明确学生当前的心理状态和需求，从而制订更有针对性的后续支持计划，这对于预防危机复发，促进学生的长期心理健康具有重要意义。

第四，心理危机干预效果的评估结果可以为资源分配提供依据。在有限的资源条件下，效果评估可以帮助确定哪些干预策略最有效，从而优化资源配置，提高整体的干预效率。

第五，评估过程本身就具有治疗效应。通过参与评估，学生可以回顾自己的变化过程，增强自我认知，进一步促进其心理健康的改善。

第六，心理危机干预效果的评估结果可以为相关研究提供数据支持。通过系统的效果评估，可以积累大量的实证数据，这对于推动心理危机干预理论和实践的发展具有重要价值。

第七，心理危机干预效果评估可以增强心理危机干预者的专业性和责任感。通过定期的效果评估，心理危机干预者可以客观地审视自己的工作，不断提升专业水平，同时也增强了其对工作成效的责任意识。

第八，心理危机干预效果的评估结果可以用于向相关方（如学校管理层、学生家长）说明干预工作的重要性和成效，有助于获得更多的支持和理解。

然而，开展有效的心理危机干预效果评估也面临着一些挑战。

第一是评估的客观性和科学性问题。心理健康状况的改变往往是复杂和微妙的，如何通过客观、可量化的指标来准确反映这种改变是一个挑战。

第二是评估的伦理问题。在进行效果评估时，需要充分考虑学生的隐私保护和知情同意。

第三是评估的时机和频率问题。过于频繁的效果评估可能会给学生带来额外的压力，但间隔太长又可能错过重要的心理变化。

第四需要考虑评估结果的解释和应用问题。如何正确理解评估结果，并将其转化为有效的改进措施，也是一个需要慎重考虑的问题。

尽管存在上述挑战，但考虑到效果评估的重要性，仍然需要努力克服困难，建立科学、系统的评估机制。这不仅有利于提高心理危机干预的质量和效果，也有助于推动大学生心理健康教育工作的整体发展。同时，还需要认识到效果评估不是一次性的工作，而是一个持续的过程。随着心理危机干预工作的深入和学生心理状况的变化，评估的内容和方法也需要不断调整和完善。只有这样，才能确保评估工作始终能够准确反映干预的实际效果，为之后的持续改进提供有力支持。

二、心理危机干预效果评估的方法与工具

心理危机干预效果评估需要采用多元化、系统化的方法和工具，以全面、准确地反映干预的成效，常用的评估方法主要包括以下几种。

第一，量表评估是最常用的评估方法之一。通过使用标准化的心理测

量工具，可以客观量化学生的心理状态变化，常用的量表包括症状自评量表、贝克抑郁量表、状态—特质焦虑问卷、自杀意念量表、生活质量量表等。这些量表通常在干预前、干预中和干预后多次使用，以追踪学生心理状态的变化趋势。量表评估的优点是标准化程度高，可比性强，但也存在一些局限性，如无法反映个体的独特体验、可能受到社会赞许性等因素的影响等。

第二，临床访谈是另一种重要的评估方法。通过结构化或半结构化的访谈，可以深入了解学生的主观体验和变化，访谈内容包括情绪状态、认知变化、行为改善、人际关系等。临床访谈可以提供丰富的质性信息，补充量表评估的不足，但这种方法比较耗时，且结果的客观性和可比性相对较低。

第三，行为观察通过观察学生的日常行为表现，评估其心理状态的改变，包括课堂表现、社交行为、生活习惯等方面的观察。行为观察可以提供直观的评估信息，但需要长期、系统的记录，且可能受到观察者主观因素的影响。

第四，生理指标测量是另一种客观的评估方法。某些心理状态的改变可能伴随着生理指标的变化，常用的生理指标包括心率变异性、皮肤电反应、脑电图等，这些生理指标可以提供客观的生理数据，但对设备的要求较高，相关解释也需要专业知识。

第五，社会功能评估主要关注学生在学习、人际交往、日常生活等方面的功能恢复情况，可以使用社会功能量表，也可以通过访谈或行为观察来评估。这种评估方法关注的是学生实际生活中的改善，具有较强的生态效度。

第六，重要他人评价是一种补充性的评估方法。通过收集学生家人、朋友、老师等重要他人的评价，可以了解他们观察到的学生变化。这种方法可以提供外部视角的评估信息，但可能受到评价者主观因素的影响。

第七，学业表现评估对于学业危机尤为重要，可以通过评估学生的学习成绩、出勤率、课堂参与度等指标来判断干预效果。这种方法具有客观性强的优点，但无法全面反映学生的心理状态变化。

第八，自我报告是让学生自己评估和描述干预前后的变化，可以采用开放式问卷、日记等形式。自我报告可以反映学生的主观体验，但可能受到自我认知偏差的影响。

第九，案例分析是对个别案例进行深入、全面的分析，包括干预过程、学生反应、效果变化等。

第十，跟踪研究是一种长期的评估方法，一般在干预结束后的一段时间内（如 3 个月、6 个月、1 年）进行跟踪评估，了解干预效果的持久性。这种方法可以评估长期效果，但可能面临样本流失等问题。

在选择和使用上述评估方法时需要注意以下几点。

第一，应该采用多种方法相结合的策略，以获得全面、多角度的评估信息，因为单一方法可能无法充分反映干预的整体效果。

第二，评估工具的选择应该考虑其信效度、适用人群、文化适应性等因素，使用前最好进行预测试，确保工具的适用性。

第三，评估是一个动态的过程，除了干预前后的评估，还应该进行过程性评估，以便及时调整干预策略。

第四，在使用上述评估方法时，需要严格遵守伦理原则，包括保护学生隐私、获得知情同意、避免造成额外的心理负担等。

第五，评估结果的解释需要综合考虑多方面因素，包括学生的个人特点、环境变化、其他干预措施的影响等，避免简单地将所有变化归因于特定的干预措施。

通过科学、系统的效果评估，可以不断优化心理危机干预策略，提高干预的有效性。同时，这些评估数据也为进一步的研究和实践积累了宝贵的经验，有助于推动大学生心理健康教育工作的整体发展。然而也需要认识到，心理健康状况的改变是一个复杂的过程，单纯依靠量化指标可能无法完全捕捉到这种变化。因此，在进行效果评估时，既要注重客观数据的收集和分析，也要重视学生的主观体验和个性化需求。只有这样，才能真正全面、准确地评估干预效果，从而为学生提供最适合的帮助。

三、心理危机干预后的持续关注

心理危机干预不应该在危机得到缓解后就结束，持续的关注和支持对于巩固干预效果、预防问题复发具有重要意义，持续关注的主要内容和策略包括以下几个方面。

第一，定期复查是持续关注的基础。在危机干预结束后，应该制订定期复查计划。复查的频率可以根据学生的具体情况而定，一般来说，初期可能需要较频繁的复查（如每周或每两周一次），随后可以逐渐延长时间间隔。复查的内容应该包括心理状态评估、生活适应情况了解、潜在风险因素排查等。

第二，维持性治疗对于一些慢性或易复发的心理问题（如抑郁症、焦虑障碍）尤为重要，治疗手段主要包括定期的心理咨询、药物治疗的持续监测等。维持性治疗的目的是巩固治疗效果，预防症状复发。

第三，生活技能训练是增强学生心理韧性和应对能力的重要方式，主要包括压力管理技巧、时间管理方法、人际沟通技能、问题解决能力等。这些技能的掌握可以帮助学生更好地应对日常生活中的挑战，降低再次陷入心理危机的风险。

第四，社会支持网络的维护和强化是心理健康的重要保护因素。在危机干预后，应该继续关注学生的社会支持网络，帮助其维护和拓展有益的人际关系，包括鼓励参与社交活动、加强与家人的联系、参与支持性团体等。

第五，环境因素的持续优化也不容忽视，因为某些环境因素可能是引发心理危机的重要原因。因此，在危机干预后，需要持续关注和改善某些环境因素。例如，对于因寝室关系引发的危机，可能需要持续关注寝室氛围的改善情况。

第六，自我监测能力的培养是预防危机复发的重要策略。应该教授学生自我监测的技能，使其能够及时识别自己的心理状态变化和潜在的危险信号，主要包括情绪日记的使用、定期自我评估等方法。培养学生的自我监测能力，可以帮助他们在问题初期就采取措施，预防心理危机的再次发生。

第七，危机预防计划的制订和更新是另一个重要环节。与学生一起制订个性化的危机预防计划，包括识别潜在的危险因素、制定应对策略、明确求助渠道等，这个计划应该根据学生的情况定期更新。

第八，家庭支持的持续性对于许多学生来说至关重要，因此，在危机干预后，需要继续与学生家长保持沟通，指导家人如何持续支持学生，创造有利于心理健康的家庭环境。

第九，学业和职业发展的支持也不能忽视，因为心理健康与学业、职业发展密切相关。在危机干预后，应该持续关注学生的学业表现和职业规划，提供必要的指导和支持，帮助学生建立长期的发展目标。

第十，健康生活方式的培养是维护心理健康的基础。应该鼓励和指导学生养成健康的生活方式，包括规律的作息、均衡的饮食、适度的运动等。

在实施上述持续关注策略时需要注意几点。首先，持续关注应该是个性化的，要根据每个学生的具体情况和需求进行调整。然后，应该鼓励学生的主动性和自主性，逐步减少对专业人员的依赖。其次，持续关注不应该成为一种压力或负担，而是一种支持和资源。再次，持续关注的过程中也要注意保护学生的隐私，避免过度干预。最后，持续关注的效果需要定期评估，以确保其有效性和适当性。

通过上述持续关注策略，可以帮助学生巩固危机干预的成果，增强其长期应对心理问题的能力，从而降低心理危机复发的风险，促进学生的长期心理健康。同时，这种持续关注也为心理健康教育工作者提供了宝贵的反馈信息，有助于不断改进和优化心理危机干预策略。

四、心理危机干预效果的长期追踪研究

心理危机干预效果的长期追踪研究对于全面评估干预的有效性、了解学生的长期恢复情况、改进干预策略等方面具有重要意义。长期追踪研究通常在心理危机干预结束后的一段时间内（如 6 个月、1 年、2 年）进行，其主要目的是评估干预效果的持久性和学生的长期适应情况。

长期追踪研究的主要内容可以包括以下几个方面。

第一是心理健康状况的长期变化。这可以通过定期使用标准化的心理健康量表来评估，如抑郁、焦虑、生活质量等量表。通过比较干预前、干预后和追踪期的得分，可以了解学生心理健康状况的长期变化趋势。

第二是社会功能的恢复情况。这包括学业表现、人际关系、工作适应等方面，可以通过结构化访谈、社会功能量表、学业成绩记录等方式来评估。

第三是危机复发情况的统计。记录追踪期内是否出现类似的危机事件，如果出现，需要分析其原因和处理方式。

第四是可以评估学生的应对能力和心理韧性的变化。这可以通过应对方式问卷、心理韧性量表等工具来测量。

第五是可以收集学生对干预效果的主观评价和反馈，了解他们对干预的长期影响的看法。

在进行长期追踪研究时需要注意以下几个问题。

第一是样本流失问题。随着时间的推移，可能会有部分学生因毕业、转学等原因无法继续参与追踪研究。为了减少样本流失，可以采取多种措施，如保持定期联系、提供参与激励、使用多种联系方式等。

第二是数据收集的一致性问题。为了确保数据的可比性，应尽量使用与初始评估相同的工具和方法。如果必须更换评估工具，需要考虑新旧工具之间的等效性。

第三，在长期追踪过程中，可能会出现许多影响学生心理健康的新因素，如重大生活事件、环境变化等，这些因素需要在分析中加以考虑和控制。

第四还需要注意伦理问题，如保护参与者的隐私等。

长期追踪研究的数据分析通常采用纵向研究设计，如重复测量方差分析、增长曲线模型等。这些方法可以帮助研究者了解学生心理健康状况的变化轨迹，以及影响这种变化的因素。同时，也可以进行亚组分析，了解不同类型学生（如不同性别、不同心理危机类型）的长期恢复情况是否存在差异。

长期追踪研究的结果可以为改进危机干预策略提供重要依据。例如，如果发现某些心理危机类型的学生在长期追踪中表现出更好的恢复效果，就可以分析其中的原因，并将相关因素纳入未来的干预策略中。如果发现某些心理问题在长期追踪中频繁复发，就需要重新审视现有的干预策略，考虑如何加强这些方面的干预。

此外，长期追踪研究的结果也可以为制定预防性策略提供参考。通过分析长期恢复良好的学生的特点和经历，可以总结出一些保护性因素，并在日常的心理健康教育中加以强调和培养。同样，通过分析容易复发的案例，可以识别出一些风险因素，从而在日常工作中对这些因素保持警惕。

总的来说，心理危机干预效果的长期追踪研究是一项复杂但非常有价值的工作，不仅可以全面评估危机干预的效果，还可以为改进干预策略、制定预防措施等提供重要依据。通过系统的长期追踪研究，可以不断优化大学生心理危机干预体系，从而提高心理健康教育工作的整体效果。

五、心理危机干预效果评估结果的应用

心理危机干预效果的评估结果不应该仅仅停留在报告层面，而应该被广泛应用于改进和优化心理健康工作的各个方面，评估结果的应用主要包括以下几个方面。

第一，改进干预策略。通过分析评估结果，可以识别出当前干预策略的优势和不足。对于效果显著的策略，可以考虑继续推广应用。对于效果不佳的策略，则需要分析原因，并进行必要的调整或替换。例如，如果评估发现某种干预技术在处理学业危机时特别有效，那么可以在今后的干预中更多地使用这种技术。如果发现某些干预策略在长期追踪中效果不持久，则需要考虑如何加强后续支持。

第二，优化资源分配。评估结果可以帮助识别出最需要关注的问题领域和人群，从而更有针对性地分配人力和物力资源。例如，如果评估发现某个年级或某个专业的学生心理问题发生率较高，就可以考虑在这些群体中投入更多的预防和干预资源。

第三，完善预防体系。通过分析成功案例和失败案例，可以总结出一些关键的保护因素和风险因素。这些信息可以用于改进日常的心理健康教育和预防工作，如加强对高风险学生的筛查和早期干预、强化保护性因素的培养等。

第四，可以用于培训和教育工作。将评估结果反馈给心理健康工作者，可以帮助他们了解自己的工作效果，从而不断改进工作方法。同时，也可以将一些典型案例和成功经验编入培训材料，用于对新心理健康工作者的培训。

第五，可以用于政策制定和管理决策。评估结果可以为学校制定心理健康相关政策提供科学依据，如是否需要增加心理健康服务的投入、是否

需要调整相关的管理制度等。

第六，可以为进一步的理论探讨和实证研究提供基础。通过分析大量的评估数据，可以发现新的研究问题或理论假设，从而推动心理危机干预理论的发展。

第七，可以用于对外交流和宣传。通过适当公开一些评估结果，可以增加心理健康工作的透明度，提高公众对这项工作的认识和支持。同时，也可以通过分享成功经验，为其他学校或机构提供参考。

然而，在应用评估结果时还需要注意一些问题。首先是评估结果解释的准确性，需要考虑评估中可能存在的偏差和局限性，避免过度推广或简单化。其次是保护学生隐私，在使用和公开评估结果时，需要严格遵守隐私保护原则，确保不会泄露个人敏感信息。再次是注意评估结果应用的时效性，心理健康问题会随着社会环境的变化而变化，因此需要定期更新评估数据，确保决策和改进措施的及时性。最后是需要注意结合实际情况，不同学校、不同地区面临的问题和挑战都不相同，因此不能简单地照搬他人的经验，应该根据本校的具体情况进行适当的调整和创新。

总的来说，心理危机干预效果评估结果的应用是一个系统工程，需要多方面的配合和努力。通过科学、全面地应用评估结果，可以不断提高心理危机干预的质量和效果，从而为学生提供更好的心理健康服务。同时，应用心理危机干预效果评估结果是一个持续改进的过程，需要定期进行评估和调整，以适应不断变化的需求和挑战。只有这样，才能真正实现以评促建、以评促改的目标，从而推动大学生心理健康教育工作的持续发展。

第七章　大学生心理健康教育的现存问题与对策研究

第一节　大学生心理健康教育的现状与挑战

一、心理健康教育资源配置的结构性失衡

当前，大学生心理健康教育资源的配置呈现显著的结构性失衡，这种失衡主要体现在地域、院校类型及学科之间的差异上。

第一，从地域分布来看，经济发达地区的高校往往拥有更为充足的心理健康教育资源，包括专业的心理咨询中心、先进的心理测评设备及丰富的教育材料等。相比之下，经济欠发达地区的高校在这些方面的投入相对不足，导致心理健康教育的质量和覆盖面受到限制。这种地域性差异直接影响了学生获得心理健康服务的机会均等性。

第二，不同类型的院校之间也存在着资源分配的差异。综合性大学和重点高校通常能够获得更多的经费支持和人才引进机会，而一些地方性院校和专科院校在心理健康教育方面的资源相对匮乏。这种差异不仅体现在硬件设施上，更体现在专业人才的配置上。例如，一些重点高校可能拥有独立的心理学院或心理健康教育研究中心，配备多名具有博士学位的专职心理咨询师。而一些地方院校可能仅有几名兼职心理健康教育工作者，且专业背景不一定完全匹配。

第三，在学科层面上，理工类专业与人文社科类专业之间的心理健康

教育资源也存在不平衡。人文社科类专业由于其学科特性，往往能够获得更多与心理健康相关的课程和活动资源，而理工类专业在这方面的关注度和投入相对较少。这种学科差异可能导致不同专业学生在心理健康教育方面获得的支持和帮助存在显著差异。

第四，心理健康教育资源的配置存在重硬件轻软实力的问题。一些高校在建设心理咨询中心或购置心理测评设备方面投入较大，但在培养专业人才、开发特色课程、创新教育方法等软实力建设方面的投入不足。这种倾向可能导致资源利用效率低下，难以真正满足学生的心理健康需求。

心理健康教育资源配置的结构性失衡直接影响了心理健康教育的实施效果。在资源丰富的地区和院校，学生能够获得更为全面和专业的心理健康服务，包括定期的心理评估、个体咨询、团体辅导等。而在资源匮乏的地区和院校，心理健康教育可能仅限于基础的课程教学或者应急性的危机干预，难以满足学生多样化和个性化的心理健康需求。这种差异不仅影响了学生接受心理健康教育的机会均等性，还可能导致不同地区、不同类型院校的学生在心理健康水平上出现显著差距。

心理健康教育资源配置的结构性失衡还会影响心理健康教育工作者的专业发展。在资源充足的环境中，心理健康教育工作者有更多机会参与专业培训、学术交流和研究项目，从而不断提升自身的专业能力。而在资源匮乏的环境中，心理健康教育工作者可能面临知识更新滞后、专业技能提升困难等问题，从而进一步加剧了心理健康教育质量的地区差异。

二、心理健康教育专业人才的短缺与质量问题

当前，大学生心理健康教育领域面临着专业人才短缺和质量参差不齐的双重挑战。这一问题的根源是高等教育系统对心理健康教育的重视程度不够，以及相关专业人才培养体系的不完善。

第一，从数量上看，许多高校的心理健康教育工作者与学生的比例严重失衡。根据相关研究数据，平均每位心理健康教育工作者需要服务的学生数量远超合理范围。这种严重的人才短缺导致心理健康教育工作者难以对每位学生提供充分的关注和个性化服务。例如，一些高校的心理咨询中心可能需要学生预约数周甚至数月才能获得一次面对面的咨询机会，这显

然无法满足学生及时获得心理支持的需求。

第二，从质量上看，现有心理健康教育工作者的专业背景和能力水平存在较大差异，部分心理健康教育工作者可能缺乏系统的心理学或教育学训练，难以满足复杂多变的心理健康教育工作需求。例如，一些高校可能安排辅导员或其他行政人员兼任心理健康教育工作，这些人员虽然熟悉学生事务，但可能缺乏专业的心理咨询技能和理论知识。与此同时，即使是专职的心理健康教育工作者，其专业水平也可能存在显著差异。一些高校可能拥有具有博士学位和丰富实践经验的心理学专家，而另一些高校的心理健康教育工作者可能仅有本科学历和基础培训经验。这种质量上的差异直接影响了心理健康教育的效果和学生的获得感。

专业人才短缺和质量问题直接影响了心理健康教育的效果。一方面，由于工作人员不足，许多高校只能将心理健康教育工作局限于基础的课程教学和简单的咨询服务，难以开展深入的个体辅导和长期跟踪研究。另一方面，心理健康教育工作者的专业能力参差不齐可能导致心理健康教育质量的不稳定，甚至在某些情况下可能因不当干预而产生负面影响。例如，缺乏专业训练的心理健康教育工作者可能在处理复杂的心理问题时采取不恰当的方法，或者无法及时识别和处理潜在的心理危机。

此外，心理健康教育工作者的职业发展路径不清晰也是一个突出问题。许多高校尚未建立专门的心理健康教育岗位序列，导致相关人员缺乏明确的职业晋升通道和发展目标。这不仅影响了现有心理健康教育工作者的工作积极性，也降低了该领域对高素质人才的吸引力。例如，一些高校可能将心理健康教育工作者归入行政序列或教辅序列，这使得他们难以像教师那样获得职称晋升的机会，也难以像专业心理咨询师那样获得相应的职业认可。

要解决上述问题，需要从人才培养、引进和管理等多个方面着手。在人才培养方面，应当加强高校心理学、教育学等相关专业的建设，设置专门的心理健康教育方向，培养具有专业知识和实践能力的复合型人才。同时，鼓励跨学科交叉培养，提高心理健康教育工作者的综合素质。例如，可以在心理学专业中增加教育学、社会学等相关课程，或者在教育学专业中加强心理学的学习。

三、心理健康教育体系的制度不完善

当前，大学生心理健康教育体系存在一系列制度性缺陷，严重制约了心理健康教育的效果和发展。

第一，多数高校尚未建立完善的心理健康教育工作体系。虽然许多高校已经认识到心理健康教育的重要性，但在实际工作中，心理健康教育往往被视为一项边缘性工作，缺乏系统性和连贯性。在组织结构方面，心理健康教育工作可能分散在学生处、教务处、校医院等多个部门，缺乏统一的管理和协调机制。例如，心理咨询中心可能隶属学生处，而心理健康课程的设置可能由教务处负责，心理危机干预又可能涉及校医院，这种分散化的管理模式导致资源无法有效整合，工作效率低下，难以形成合力。

第二，心理健康教育的评价体系不健全。目前，多数高校缺乏科学、全面的心理健康教育评价指标体系。现有的评价方式往往过于简单化，主要关注心理问题的发生率、心理咨询的接待量等数量指标，而忽视了对教育质量和长期效果的评估。例如，一些高校可能仅以心理咨询次数或心理健康讲座参与人数作为评价指标，而忽视了学生心理健康水平的实际改善情况或心理健康意识的提升程度。这种评价体系难以真实反映心理健康教育的实际成效，也无法为改进工作提供有效的反馈和指导。同时，由于缺乏合理的评价机制，心理健康教育工作在高校整体工作中的地位和重要性难以得到充分体现，影响了相关资源的配置和工作的开展。

第三，部门间的协作机制不畅通。心理健康教育是一项综合性工作，需要教务、学工、医疗等多个部门的密切配合。然而，当前多数高校在这方面的协作机制还不够完善。各部门之间的信息共享不足、工作界限不清、责任划分不明确，导致在面对复杂的心理健康问题时难以形成快速、有效的响应机制。例如，当发生学生心理危机事件时，可能出现各部门推诿责任、信息传递不及时、处置措施不一致等问题，影响了问题的及时解决。这种协作不畅不仅降低了工作效率，还可能在处理心理危机事件时造成严重的后果。

第四，心理健康教育的法律和政策保障不足。虽然国家层面已经出台了一些关于大学生心理健康教育的指导性文件，但在具体实施层面，仍缺乏明确的法律规定和政策支持。这导致心理健康教育工作在开展过程中缺乏必要的制度保障，特别是在涉及学生隐私保护、危机干预权限等敏感问题时，容易陷入法律和伦理困境。例如，在处理学生自杀倾向等严重心理问题时，高校可能面临是否通知家长、是否可以强制干预等法律和伦理难题，由于缺乏明确的法律指引，可能导致处置过程中的犹豫和延误。

第五，心理健康教育的长效机制尚未形成。许多高校的心理健康教育工作呈现出运动式和应急式的特点，缺乏持续性和系统性。例如，在某些重大事件中或特定时期，心理健康教育会受到高度重视，但日常工作中却容易被忽视。一些高校可能在新生入学时集中开展心理健康教育活动，但在学生后续的学习生活中，相关的教育和支持却明显减少。这种不连贯的工作方式难以保证心理健康教育的长期效果，也不利于形成良好的校园心理健康文化。

四、心理健康教育内容与方法的适应性困境

当前，大学生心理健康教育的内容和方法在适应性方面存在明显不足，难以满足新时代大学生的多元化需求，这种适应性困境主要表现在以下几个方面。

第一，教育内容与大学生实际需求存在脱节。传统的心理健康教育内容往往过于理论化和概念化，缺乏对当代大学生实际心理状况和生活经验的关注。例如，许多课程仍然停留在基础心理学知识的讲解上，而对于学生普遍关心的学业压力、就业焦虑、人际关系、情感问题等实际问题缺乏针对性的探讨和指导。教育内容与实际需求的脱节导致学生对心理健康教育缺乏兴趣和参与动力。

第二，教育方法单一，缺乏吸引力和互动性。目前，大多数高校的心理健康教育仍然以传统的课堂讲授为主要形式，辅以少量的团体辅导或心理咨询。这种教育方法难以激发学生的主动参与意识，也无法满足学生个性化、多样化的学习需求。例如，一些高校采用大班授课的方式开设心理健康课程，学生处于被动接受知识的状态，缺乏实践和体验的机会。在信息技术快速发展的背景下，学生的学习方式和信息获取渠道发生了巨大变化，传统的教育方法已经难以吸引学生的注意力。

第三，心理健康教育的针对性和个性化程度不足。当前的心理健康教育往往采用一刀切的方式，忽视了不同学生群体在心理特征和需求上的差异。例如，不同年级、不同专业、不同家庭背景的学生可能面临着不同的心理挑战，但现有的教育内容和方法难以做到有针对性地区分和调整。这种缺乏针对性的教育方式不仅减弱了教育效果，还可能导致部分学生群体的心理需求被忽视。

第四，心理健康教育与专业教育的融合度不够。目前，心理健康教育在多数高校仍然是作为一个独立的课程或活动开展，与学生的专业学习缺乏有机结合。这种割裂的教育模式难以帮助学生将心理健康知识应用到专业学习和未来职业发展中，也不利于学生形成全面的心理素质和能力。例如，工科类学生可能需要更多关于团队合作和压力管理的内容，而艺术类学生可能更需要创造力培养和情绪管理的指导，但现有的心理健康教育难以满足这种专业化的需求。

第五，心理健康教育在应对新型心理问题方面反应速度较慢。随着社会的快速变迁和科技的飞速发展，大学生面临的心理挑战也在不断变化。例如，网络成瘾、社交媒体焦虑、虚拟现实沉浸等新型心理问题不断涌现。然而，当前的心理健康教育内容和方法在更新和调整方面往往滞后于这些新问题的出现，因此难以为学生提供及时、有效的指导和帮助。

五、心理危机预防与干预机制的不完善

心理危机预防与干预是大学生心理健康教育中至关重要的一环，然而，当前许多高校在这方面的机制仍然存在诸多不完善之处，影响了对学生心理危机的及时识别和有效处理。

1. 心理危机识别系统的敏感性和准确性不足。目前，许多高校虽然建立了初步的心理危机识别机制，但其敏感性和准确性仍有待提高，这主要表现在以下几个方面。

（1）信息收集渠道单一，主要依赖辅导员或心理咨询中心的观察，难以全面掌握学生的心理状况。例如，一些潜在的心理问题可能在学生的日常行为、学习表现或社交媒体活动中有所体现，但现有的识别系统难以捕捉这些细微的变化。

（2）识别标准不统一，缺乏科学、系统的评估指标体系，导致对心理危机的判断存在主观性和随意性。不同的心理健康教育工作者可能对同一情况有不同的判断，影响了识别的一致性和可靠性。

（3）预警信息的时效性不足，往往在问题已经显现或恶化后才能识别出来，难以实现早期预警，这种滞后性可能导致错过最佳的干预时机。

2. 心理危机干预的及时性和有效性不够。在识别出心理危机后，许多高校的干预措施往往存在滞后和不足，具体表现在以下几个方面。

（1）反应机制不够迅速，从发现问题到采取干预措施的时间间隔较长。例如，有些高校可能需要经过多个层级的报告和审批才能启动正式的危机干预程序，这种烦琐的流程可能错过最佳的干预时机。

（2）干预手段单一，主要依赖个别谈话或简单的心理疏导，缺乏系统、专业的危机干预方案。对于一些复杂或严重的心理危机，这种简单的干预方式可能效果有限。

（3）跨部门协作不畅，在处理复杂的心理危机事件时，各相关部门之间的信息共享和协同行动存在障碍。例如，学生处、心理咨询中心、校医院等部门可能各自为政，缺乏有效的协调机制。

（4）后续跟踪不足，危机干预往往停留在短期应对阶段，缺乏长期的跟踪观察和持续支持，这可能导致一些学生在危机暂时缓解后再次陷入困境。

3. 心理危机预防的系统性和持续性不足。当前，许多高校的心理危机工作仍然停留在“救火”阶段，缺乏系统的预防措施，主要体现在以下几个方面。

（1）心理健康教育与危机预防的结合不够紧密，未能将危机预防意识有效融入日常教育中。例如，一些高校可能只在新生入学时进行一次心理健康普查，而忽视了后续的持续关注和教育。

（2）缺乏对高危人群的定期筛查和重点关注机制。一些潜在的高风险学生可能长期处于监测盲区，直到问题发生才被发现。

（3）学生自我管理和互助机制不健全，未能充分发挥学生在心理危机预防中的作用。例如，缺乏有组织的朋辈辅导或心理互助小组。

（4）缺乏针对特定时期（如考试周、毕业季）的专门预防措施。这些特殊时期往往是心理危机高发的阶段，需要更加精准和密集的预防措施。

4. 心理危机管理的法律和伦理保障不足。法律和伦理方面的不确定性增加了心理危机管理的复杂性，从而可能会影响干预措施的及时性和有效性。高校经常面临的法律和伦理方面的困境具体表现在以下几个方面。

(1) 在涉及学生隐私保护和信息公开之间的平衡问题时，高校可能会在是否通知家长、是否向相关人员披露学生的心理状况等问题上感到困惑。

(2) 在紧急情况下采取强制干预措施的合法性问题。例如，对于有自杀倾向的学生，高校是否有权强制其接受治疗或采取保护性措施。

(3) 心理危机干预过程中的责任界定和风险承担问题等。例如，如果干预过程中出现意外，谁应该承担法律责任。

5. 心理危机管理人员的专业能力有待提升。目前，很多高校的心理危机管理工作主要由辅导员或普通教师承担，这些人员虽然熟悉学生情况，但往往缺乏专业的心理危机管理训练。这导致在面对复杂的心理危机时，可能出现判断失误或处置不当的情况，不仅会影响危机干预的效果，甚至可能加剧危机的严重程度。例如，一些非专业人员可能在处理负面倾向学生时采用简单的说教或批评，结果刺激学生产生了更强烈的消极情绪。

六、社会支持系统在大学生心理健康教育中的作用不足

大学生心理健康教育不仅是高校的责任，还需要家庭、社会等多方面的支持和参与。然而，当前心理健康教育的社会支持系统仍存在明显不足，主要表现在以下几个方面。

1. 家庭在大学生心理健康教育中的作用未得到充分发挥。虽然学生已经进入大学，但家庭仍然是其重要的心理支持来源，目前存在以下几方面的问题。

(1) 许多家长对大学生心理健康的重要性认识不足，忽视了对子女心理状况的关注和支持。

(2) 部分家长与子女之间的沟通不畅，难以及时发现和帮助解决子女的心理问题。例如，有些家长可能只关注子女的学习成绩，而忽视了子女在情感、人际关系等方面的困扰。

(3) 一些家长的教育方式不当，如过度保护或过高期望，结果加剧了

学生的心理压力。例如，有些家长可能过分干预子女的专业选择或职业规划，导致学生产生焦虑或叛逆情绪。

（4）高校与家庭之间缺乏有效的沟通机制，难以形成教育合力。很多高校只在学生出现严重问题时才与家长联系，缺乏日常的信息交流和合作。

2. 社会资源在大学生心理健康教育中的整合度不够。大学生心理健康教育需要多方面社会资源的支持，但目前这些资源的整合度不高，主要表现在以下几个方面。

（1）高校与社会心理咨询机构、医疗机构的合作不够紧密，难以为学生提供更专业、多样的心理健康服务。例如，一些高校缺乏处理复杂心理问题的专业能力，但又没有建立与专业机构的转介机制。

（2）企业、社会组织等在大学生心理健康教育中的参与度不足，未能有效开展社会实践、职业体验等活动来促进大学生心理健康发展。很多企业提供的实习岗位可能只关注学生专业技能的培养，而忽视了学生的心理适应和职业心理准备。

（3）媒体在心理健康知识普及和正确价值观引导等方面的作用发挥得不充分。一些媒体报道过分渲染负面事件，从而加剧了社会对心理问题的误解和偏见。

（4）社区心理服务资源与高校心理健康教育的衔接不够，难以为学生提供校外的持续支持。很多学生在离开校园后，可能面临心理支持的断层。

3. 心理健康教育的社会氛围仍需改善。尽管近年来社会对心理健康的重视程度有所提高，但整体氛围仍有待改善，具体问题包括以下几个方面。

（1）社会对心理健康问题的认识仍存在偏见和误解，寻求心理帮助的行为容易被贴上“心理有问题”的标签。尽管目前众多高校都已在校园内建立了心理健康咨询的服务机构，但在普遍的集体心理中，个体寻求心理咨询、心理治疗的行为仍然存在被污名化的现象，这种污名化极有可能阻碍学生主动寻求心理帮助。

（2）心理健康教育在社会价值体系中的地位不高，与智力发展、学业成就相比得到的重视程度不够。在应试制度的大背景下，在普遍的教育观念中，心理课程相对而言并没有专业课程重要，对于心理健康的学习常常让位于实用性更强的专业课程学习。

（3）社会对心理健康从业人员的认可度和支持度不足，影响了这一领域的人才吸引和发展。心理咨询师的社会地位和薪酬水平普遍不高，难以吸引高素质人才长期从事这一工作。

（4）缺乏广泛的心理健康文化，大众对心理健康知识的了解和应用能力有限。很多人可能对基本的心理调适方法缺乏了解，难以在日常生活中有效维护自身的心理健康。

4. 心理健康教育的资金投入不足。尽管国家和地方政府已经出台了一些支持心理健康教育的政策，但落实在具体的工作上，执行力度和具体措施仍有不足，主要体现在以下几个方面。

（1）心理健康教育的法律法规体系不完善，缺乏强制性和操作性强的规定。例如，对高校开展心理健康教育的具体要求和标准尚未形成统一的法律规范。

（2）对高校心理健康教育工作的评估和激励机制不健全，难以调动高校的积极性。心理健康教育工作的成效往往难以量化，容易在学校评估中被忽视。

（3）心理健康教育的专项资金投入不足，特别是在一些经济欠发达地区，资金短缺严重制约了心理健康教育的开展。

第二节　构建多元协同的心理健康教育体系

一、完善心理健康教育的组织架构

构建多元协同的心理健康教育体系，首先需要完善其组织架构。当前，许多高校的心理健康教育工作仍然缺乏统一的管理和协调机制，以至于存在资源分散、效率低下等问题。因此，建立健全的组织架构成为优化心理健康教育体系的首要任务。

第一，高校应当设立专门的心理健康教育管理机构，如心理健康教育中心或心理健康工作委员会。这些机构应当直接隶属学校领导层，具有独立的决策权和执行权，主要职责包括：制定心理健康教育的整体规划和具体实施方案；协调各相关部门的工作；监督和评估心理健康教育的效果；组织开展相关研究和培训等。通过设立专门机构，可以提高心理健康教育工作的系统性和专业性，避免工作中出现重复和遗漏。

第二，需要明确各相关部门在心理健康教育中的职责和权限。例如，学生处可以负责组织日常的心理健康教育活动；教务处可以负责设置和管理心理健康课程；校医院可以提供专业的心理咨询和治疗服务；各院系可以结合专业特点开展有针对性的心理健康教育。通过明确职责分工，可以避免工作中出现推诿和冲突，从而提高整体工作效率。

第三，应当建立常态化的跨部门协作机制，如定期召开工作协调会议、建立信息共享平台等。这种协作机制可以促进各部门之间的沟通和资源整合，形成工作合力，提高心理健康教育的整体效果。同时，还应建立快速响应机制，以应对突发的心理危机事件。

第四，需要完善基层工作网络。可以在每个院系设立心理健康教育工作小组，由辅导员、专业教师和学生代表组成。这些小组可以作为心理健康教育的“毛细血管”，负责落实各项工作，收集学生反馈，及时发现和报告心理问题。通过建立基层工作网络，可以使心理健康教育工作更加贴近学生，从而提高工作的精准性和有效性。

第五，考虑到心理健康教育的专业性，高校应当建立专家咨询制度。可以聘请心理学、教育学、精神医学等领域的专家组成咨询委员会，为心理健康教育工作提供专业指导和建议。这不仅可以提高工作的科学性和专业性，还可以帮助解决工作中遇到的复杂问题。

通过上述措施，可以构建起一个层次分明、职责清晰、协作紧密的心理健康教育组织架构，为开展多元协同的心理健康教育奠定坚实的基础，不仅可以确保心理健康教育工作的系统性、连续性和有效性，还可以更好地满足学生的心理健康需求。

二、整合多方资源，构建协同育人机制

心理健康教育不仅是高校的责任，还需要家庭、社会等多方面的参与和支持。因此，构建多元协同的心理健康教育体系，需要整合多方资源，

形成协同育人机制。

第一，应当加强校内资源整合。除了专门的心理健康教育机构外，还应充分利用其他的教育资源。例如，将心理健康教育元素融入专业课程教学中，利用学生社团开展同伴互助活动，发挥校园文化活动在促进心理健康方面的作用。这种全方位的资源整合可以形成全员、全程、全方位的心理健康教育格局。具体而言，可以鼓励各学科教师在专业课程中融入心理健康教育内容，如在文学课程中探讨人物心理、在管理学课程中讨论团队心理等。同时，可以支持学生自主成立心理健康主题社团，开展同伴咨询互助等活动。此外，还可以通过组织心理健康主题的文化艺术节、运动会等活动，营造积极健康的校园文化氛围。

第二，要建立紧密的家校合作机制。家庭是学生心理健康的重要支持系统，因此应当加强与家长的沟通和合作。可以通过定期举办家长学校、建立家长联系网络、开展家庭教育指导等方式，提高家长的心理健康意识和教育能力。同时，还应建立家校信息沟通渠道，及时反馈学生的心理状况，共同解决学生面临的心理问题。例如，可以定期向家长发送心理健康教育简报，组织家长参与心理健康主题讲座或工作坊，建立家长咨询热线。在处理学生心理问题时，也应当充分考虑家庭因素，必要时可以邀请家长参与干预过程。

第三，高校应当积极拓展社会资源，建立广泛的合作网络。例如，可以与专业心理咨询机构、医疗机构等建立合作关系，为学生提供更专业的心理健康服务；与企业、社会组织等合作，开展心理健康主题的社会实践活动；利用媒体资源，开展心理健康知识的普及和正确价值观的引导。具体而言，可以与当地的心理健康中心或精神卫生中心签订合作协议，为学生提供转介服务。可以邀请企业人力资源专家为学生开展职业心理辅导。可以与社区合作，组织学生参与心理健康志愿服务活动。还可以利用新媒体平台，开设心理健康公众号或短视频账号，扩大心理健康教育的影响力。

第四，高校之间也应当加强合作，建立校际合作平台。可以通过举办联合研讨会、开展共同研究项目、共享教育资源等方式，促进经验交流和资源共享。特别是对于一些资源相对匮乏的高校，可以通过这种合作获得更多的支持和帮助。例如，可以组建区域性的心理健康教育联盟，定期举行工作经验交流会；可以联合开发心理健康教育课程或教材，共同培训心理健康教育工作者；还可以建立区域性的心理危机干预联动机制，在处理重大心理危机事件时相互支援。

第五，要充分利用信息技术，构建网络化的心理健康教育服务体系。可以建立在线心理咨询平台、开发心理健康应用程序、创建心理健康主题的社交媒体账号等，为学生提供便捷、及时的心理健康服务和信息。这种网络化的服务体系可以突破时空限制，满足学生多样化、个性化的需求。例如，可以开发集心理测评、在线咨询、心理健康课程于一体的综合性平台；可以利用大数据技术，实现对学生心理状况的动态监测和预警；还可以开发智能聊天机器人，为学生提供初步的心理支持和引导。

通过多方位的资源整合和协作，可以构建起一个多方参与、资源共享、协同育人的心理健康教育体系，不仅可以提高心理健康教育的覆盖面和影响力，还可以为学生提供更加全面、持续的心理健康支持。同时，这种协同机制也有助于形成社会共识，营造重视心理健康的社会氛围，从而为大学生心理健康教育创造更有利的外部环境。

三、创新心理健康教育模式

在构建多元协同的心理健康教育体系过程中，创新教育模式是关键。传统的单一、被动的教育模式已经难以满足当代大学生的心理健康需求，因此需要探索新的教育模式。

第一，应当推行“课程＋活动”的综合教育模式。将课堂教学与课外活动有机结合，形成理论学习与实践体验相结合的综合教育模式。在课程设置方面，可以开设心理健康必修课和选修课，系统教授心理健康知识。这些课程应当注重理论与实践的结合，采用案例分析、角色扮演等互动教学方法，提高学生的参与度和学习效果。在课外活动方面，可以组织心理健康主题讲座、心理剧表演、心理健康运动会等多样化活动，让学生在参与中增强心理健康意识，提高心理调适能力。例如，可以举办心理健康文化节、心理知识竞赛、心理健康海报设计大赛、心理情景剧比赛等活动。这种综合教育模式可以使心理健康教育更加生动有趣，增强学生的学习兴趣和参与积极性。

第二，要发展“线上＋线下”的混合教育模式。充分利用信息技术，发展线上、线下相结合的混合教育模式。可以开发在线心理健康课程，建立心理健康教育网站或微信公众号，提供丰富的学习资源。同时，继续保持线下面对面的教育和咨询，两者相互补充，满足学生不同的学习需求和心理需求。例如，可以开发网络慕课，让学生可以根据自己的时间和进度灵活学习；可以建立在线心理测评系统，让学生随时了解自己的心理状况；还可以组织线下小组辅导或工作坊，深化学生对心理健康知识的理解和应用。这种混合教育模式可以充分利用线上教育的便利性和覆盖面，同时保持线下教育的深度和互动性，实现两者的优势互补。

第三，要推广同伴互助模式。培养和发展学生心理健康同伴辅导员，建立朋辈心理互助体系。这种模式可以充分发挥学生的主动性和创造性，增强心理健康教育的亲和力和感染力。同时，参与同伴互助的学生也能在帮助他人的过程中提升自身的心理素质，具体步骤包括：选拔有志于心理健康工作的学生，对其进行系统的培训，使其掌握基本的心理健康知识和辅导技能；组织这些学生开展同伴辅导活动，如一对一倾听、小组分享会等；建立督导制度，由专业心理咨询师对学生辅导员进行定期指导和支持。这种同伴互助模式不仅可以扩大心理健康服务的覆盖面，还可以培养学生的社会责任感和领导力。

第四，要实施嵌入式教育模式。将心理健康教育元素嵌入专业课程、学生活动、校园文化建设等各个方面，实现心理健康教育的全覆盖。例如，在专业课程中融入心理健康内容，如在管理学课程中讲解压力管理、在文学课程中分析人物心理等；在学生社团活动中渗透心理健康理念，如组织以心理健康为主题的摄影比赛、辩论赛等；在校园文化建设中体现心理健康元素，如在校园里设置心灵驿站，提供心理健康书籍和放松空间。这种嵌入式教育模式可以使心理健康教育融入学生日常学习和生活的各个方面，在潜移默化中实现教育效果。

第五，要探索个性化教育模式。根据学生的个体差异和需求，提供个性化的心理健康教育服务。可以通过心理测评、个别咨询等方式，了解每个学生的心理特点和需求，制定有针对性的教育方案。同时，还可以利用大数据技术，实现心理健康教育的精准化和个性化。例如，可以建立学生心理健康档案，记录学生的心理发展轨迹，及时调整教育策略；可以开发智能推荐系统，根据学生的心理特点和需求，推送个性化的学习资源和活动建议。这种个性化教育模式可以最大限度地满足每个学生的特定需求，提高心理健康教育的针对性和有效性。

通过上述创新模式，可以使心理健康教育更加灵活多样，更加贴近学生实际，从而提高教育的吸引力和有效性。在实际教育工作中，需要心理健康教育工作者不断探索和实践，并根据实际效果进行调整和优化。同时，还需要学校提供必要的支持，包括政策制定、资源投入、技术支持等，以保证这些创新模式能够得到有效落实。

四、建立科学的评估与反馈机制

建立科学的评估与反馈机制是构建多元协同心理健康教育体系的重要环节，不仅能够客观反映心理健康教育的效果，还能为之后的持续改进提供依据。

第一，需要构建全面的评估指标体系。这个体系应当涵盖心理健康教育的各个方面，包括但不限于教育内容的科学性和适用性、教育方法的有效性、学生参与度、学生心理健康水平的变化、心理危机事件的发生率和处理效果等。这些指标中应当既有定量指标，也有定性指标，以全面反映心理健康教育的效果。定量指标可以包括心理健康课程的覆盖率、心理咨询的使用率、学生心理健康测评的平均分等。定性指标可以包括学生对心理健康教育的满意度、教育内容的实用性评价等。

第二，要建立多元化的评估方式。可以采用问卷调查、心理测评、个别访谈、焦点小组讨论等多种方法，从不同角度收集评估数据。同时，评估的主体也应当多元化，不仅包括专业的评估人员，还应当包括学生、教师、家长等利益相关者的反馈。例如，可以定期开展全校性的心理健康状况调查，使用标准化的心理测评工具评估学生的心理健康水平；可以组织学生代表、教师代表参与评估会议，收集他们对心理健康教育工作的意见和建议；还可以邀请外部专家进行第三方评估，以确保评估的客观性和专业性。

第三，评估应当是持续性的，而不是一次性的。可以建立定期评估机制，如每学期或每学年进行一次全面评估，同时辅以日常的动态监测。这种持续性的评估可以及时发现问题，调整策略。例如，可以在每学期结束时对心理健康教育课程进行评估，包括学生的学习效果、课程内容的适用性等；可以建立学生心理健康状况的动态监测系统，定期收集和分析数据，及时发现心理健康趋势的变化。

第四，评估结果的应用非常关键。应当建立评估结果反馈机制，将评估结果及时反馈给相关部门和人员，并用于指导实践。可以根据评估结果调整教育内容和方法，优化资源配置，改进工作流程。例如，如果评估发现某些心理健康课程的内容与学生的需求不匹配，可以及时调整课程设置；如果发现某些心理健康服务的利用率较低，可以分析原因并采取措施提高其可及性和吸引力。

第五，应当建立相应的激励机制。可以将评估结果与绩效考核、资源分配等挂钩，激励各部门和个人不断改进工作。例如，可以将心理健康教育工作的评估结果纳入学院年度考核，对表现优秀的单位和个人给予奖励。同时，也要注意处理好评估与发展的关系，避免评估造成不必要的压力和负担。

通过建立科学、全面、持续的评估与反馈机制，可以推动心理健康教育体系的不断完善和发展，从而提高教育的针对性和有效性。

五、加强心理健康教育的制度保障

制度保障是构建多元协同心理健康教育体系的基础和关键，完善的制度可以确保心理健康教育工作的规范化、系统化和可持续性。

第一，要健全相关的法规和政策。在国家层面，应当推动制定专门的大学生心理健康教育法规，明确各方的权利和义务。在学校层面，要制定完善的心理健康教育工作规章制度，包括工作流程、职责分工、考核评价等方面的规定。

第二，要建立稳定的经费保障机制。可以在学校年度预算中设立专项经费，用于心理健康教育的日常运作、设备购置、人员培训等。同时，也要鼓励多渠道筹集资金，如争取社会捐赠、申请专项课题等。例如，可以规定心理健康教育经费占学校年度教育经费的比例，确保资金投入的稳定性；可以设立心理健康教育发展基金，吸引社会捐赠；可以支持心理健康教育的创新项目和研究。

第三，要完善心理健康教育的激励机制。可以将心理健康教育工作纳入教师考核体系，设立相关奖项，鼓励教师积极参与。对于表现突出的心理健康教育工作者，可以在职称评定、岗位晋升等方面给予照顾。例如，可以评选心理健康教育优秀工作者，对获奖者给予物质和精神奖励；可以将心理健康教育工作纳入教师年度考核指标，与绩效工资挂钩。

第四，要建立心理健康教育的问责机制。明确各部门和个人在心理健康教育中的责任，对于工作失职或渎职行为，要进行严肃处理。

第五，要建立心理健康教育的应急预案。针对可能出现的各种心理危机事件，制定详细的应急处置流程和措施，并定期进行演练，确保在紧急情况下能够快速、有效地响应。

通过上述制度保障措施，可以为心理健康教育工作提供稳定、可靠的支持，推动多元协同心理健康教育体系的持续健康发展。这些制度的建立和完善需要学校领导的高度重视和全校各部门的协同配合，同时也需要根据实际情况不断调整和优化，以适应心理健康教育工作的新需求和新挑战。

第三节　创新心理健康教育内容与方法

一、优化心理健康教育课程体系

创新心理健康教育内容与方法的首要任务是优化课程体系，一个科学、系统、有效的课程体系是心理健康教育的基础。

第一，应当构建多层次的课程结构。可以设置基础课程、进阶课程和专题课程等 3 个层次。基础课程面向全体学生，主要教授心理健康的基本知识和技能；进阶课程针对有特定需求或兴趣的学生，深入探讨某些心理学主题；专题课程针对特定群体或问题，如针对毕业生的职业心理课程、针对学业困难学生的学习心理课程等。这种多层次的课程结构可以满足不同学生的需求，提高课程的针对性和实用性。

第二，要注重课程内容的科学性和时代性。课程内容应当以现代心理学理论为基础，同时充分考虑当代大学生的心理特点和社会环境。例如，可以增加网络心理、职业生涯规划、情感管理等当代大学生关心的主题。此外，还应当及时更新课程内容，反映心理学研究的最新进展和社会热点问题。这就需要心理健康教育工作者持续关注心理学领域的研究动态，并将这些新知识和新观点及时融入教学课程。

第三，要强化课程的实践性和体验性。心理健康教育不应仅停留在知识教授层面，更要注重学生实践能力的培养。可以在教学课程中增加案例分析、角色扮演、心理游戏等互动环节，让学生在实践中体验和掌握心理调适技能。同时，还可以设置实践课程，如组织学生参与心理健康主题的社会调查、志愿服务等活动，将课堂所学的知识和技能应用到实际生活中。这种具有实践性和体验性的课程设计不仅能够加深学生对知识的理解，还能培养他们的实际应用能力。

第四，要注重课程的连贯性和系统性。各门课程之间应当有明确的逻辑关系和递进关系，避免内容重复或脱节。可以采用模块化设计，将相关主题组织成系列课程，如自我认知系列、人际交往系列、情绪管理系列等，让学生能够系统、深入地学习某一领域的知识和技能。这种系统性的课程设计可以帮助学生建立起完整的心理健康知识体系，而不是学习零散的知识点。

第五，要重视课程的个性化和选择性。可以设置一定比例的选修课程，让学生根据自己的兴趣和需求选择学习内容。同时，还可以利用在线教育平台，开发微课程或慕课课程，为学生提供更加灵活的学习方式。这种个性化的课程设计可以满足不同学生的多样化需求，提高教学的针对性和效果。

通过全面、系统的课程体系优化，可以为学生提供更加丰富、有效的心理健康教育内容，满足不同学生的多样化需求，从而提高心理健康教育的整体质量和效果。

二、创新教学方法和手段

在优化课程体系的基础上，创新教学方法和手段是提升心理健康教育效果的关键。传统的单向灌输式教学已经难以满足当代大学生的需求，需要探索更加多元、互动、有效的教学方法。

第一，应当推广体验式教学法。心理健康教育强调的是学生心理素质的提升和能力的培养，这就需要学生亲身体验和实践。可以采用角色扮演、情景模拟、心理游戏等方法，让学生在模拟的情景中体验不同的心理状态，学习应对策略。例如，在讲解压力管理时，可以设计一些压力情景，让学生在实际体验中学习放松技巧和压力应对方法。这种体验式教学不仅能够提升课堂的参与度，还能够加深学生对知识的理解和内化。

第二，要充分利用案例教学法。心理健康问题往往具有复杂性和个体差异性，单纯的理论讲解难以让学生真正理解和掌握。通过分析真实案例，可以帮助学生将抽象的理论知识与具体的实际问题相结合，提高学生分析问题和解决问题的能力。在选择案例时，应当注意贴近学生的生活实际，涵盖不同类型的心理问题，同时要注意保护当事人的隐私。案例教学可以激发学生的思考和讨论，培养他们的批判性思维和问题解决能力。

第三，要积极推行小组讨论和合作学习。心理健康教育不仅是个人问题，也涉及人际交往和社会适应。通过小组讨论和合作学习，学生可以在交流中增进彼此的了解，提高沟通能力，同时也能从不同角度看待问题，拓展思维。教师可以根据教学内容设计讨论题目，引导学生深入思考和交流。这种方法不仅可以提高学生的参与度，还可以培养他们的团队合作能力和社交技能。

第四，要充分运用多媒体技术和网络资源。现代信息技术为心理健康教育提供了丰富的教学手段，可以使用视频、动画等多媒体资料增强教学的直观性和生动性。同时，可以利用网络平台开展在线讨论、心理测评、个别咨询等活动，打破时空限制，为学生提供更加便捷的学习和支持渠道。例如，可以建立心理健康教育在线学习平台，提供丰富的学习资源和互动功能，让学生可以随时随地进行学习和交流。

第五，要注重引入反思和自我探索的教学方法。心理健康教育的一个重要目标是促进学生的自我认知和成长，可以通过引导学生写心理日记、进行自我分析、制订个人成长计划等方式，帮助学生深入了解自己，培养自我反思和自我成长的能力。这种方法可以让学生成为学习的主体，主动参与自身心理健康的维护和提升。

通过上述创新的教学方法和手段，可以极大地提高心理健康教育的吸引力和有效性，激发学生的学习兴趣和参与动力，从而实现更好的教育效果。

三、加强心理健康教育与专业教育的融合

心理健康教育不应是独立于专业教育之外的领域，而应当与专业教育紧密结合，形成协同育人的效果，这种融合可以从以下几个方面着手。

第一，要将心理健康元素融入专业课程。各学科专业教师可以在教授专业知识的同时，适当引入相关的心理健康内容。例如，在工程类专业中讲解项目管理时，可以结合压力管理和团队心理等内容；在医学专业中讲解医患关系时，可以结合沟通心理学的知识；在艺术类专业中可以结合创造力心理学的内容。这种融合不仅可以丰富专业课程的内容，还能帮助学生将心理健康知识应用到专业学习和未来职业中。

第二，要开发针对不同专业特点的心理健康教育模块。不同专业的学生面临的心理挑战可能有所不同，因此应当根据专业特点开发有针对性的心理健康教育内容。例如，对于理工科学生，可以加强逻辑思维与情感表达的平衡；对于艺术类学生，可以着重关注创作压力的调节；对于医科学生，可以增加同理心和职业倦怠预防的内容。这种专业化的心理健康教育可以更好地满足不同学生的需求。

第三，要将心理健康教育融入专业实践活动。在学生参与专业实习、项目研究、社会调查等实践活动时，可以有意识地引入心理健康教育元素。例如，在实习前进行心理准备教育；在项目研究中加入团队心理建设的内容；在社会调查中融入心理健康调查的主题。这种融合可以帮助学生在实践中培养心理素质，提高应对实际问题的能力。

第四，要鼓励心理健康与专业领域的交叉研究。可以设立相关的研究项目或课题，鼓励心理学专业与其他专业的教师和学生合作，探讨心理健

康在各专业领域的应用。这不仅可以促进学科的交叉融合，还能为心理健康教育提供更多的实证依据和实践指导。

第五，要培养具有心理健康教育能力的专业教师。可以通过开展培训、工作坊等方式，提高专业教师的心理健康意识和相关知识技能，使他们能够在专业教学中自然地融入心理健康教育元素。这种全员育人的模式可以极大地扩展心理健康教育的覆盖面和影响力。

通过多方位的融合，可以使心理健康教育更加贴近学生的专业学习和未来发展，提高心理健康教育的实用性和针对性，从而实现心理健康教育与专业教育的协同效应。

四、发展个性化、精准化的心理健康服务

随着心理健康教育的深入发展，越来越需要关注学生的个体差异，提供个性化、精准化的服务，这种服务模式可以从以下几个方面展开。

第一，要建立学生心理档案系统。通过心理测评、日常观察、个别谈话等方式，全面了解每个学生的心理特点、成长经历、家庭背景等信息，建立详细的心理档案。这些档案应当是动态更新的，随着学生的成长和变化而不断补充，这样的档案系统能够为提供个性化服务奠定基础。档案系统的建立和使用应当严格遵守隐私保护原则，确保学生信息的安全。

第二，要开发智能化的心理健康管理系统。利用大数据和人工智能技术，对学生的学习行为、生活习惯、社交模式等进行分析，及时发现潜在的心理问题。管理系统可以根据分析结果，自动推送个性化的心理健康建议和资源，实现精准干预。例如，对于学习压力大的学生，系统可以推送时间管理和学习方法的建议；对于社交困难的学生，系统可以推荐相关的社交技能培训课程。这种智能化系统可以实现全天候、大规模的心理健康监测和支持。

第三，要提供多层次的个别化咨询服务。除了传统的面对面咨询，还可以提供在线咨询、电话咨询等多种形式，满足不同学生的需求。同时，要根据学生的具体问题和需求，匹配最合适的咨询师。对于一些复杂或严重的心理问题，可以组建专家团队，提供更专业、全面的诊断和治疗方案。这种多层次的咨询服务可以确保每个学生都能得到适合自己的心理支持。

第四，要开发个性化的自助服务工具。可以设计一些自我评估、自我调节的工具和应用程序，让学生能够自主地进行心理健康管理。例如，开发心情日记应用程序，帮助学生记录和分析自己的情绪变化；设计冥想引导程序，帮助学生进行放松训练等。这些工具可以根据学生的使用情况和反馈，不断进行优化和个性化推荐。自助服务工具可以培养学生的自我管理能力，是专业服务的有益补充。

第五，要制订个性化的成长支持计划。根据学生的心理特点和发展需求，制订个性化的心理成长计划，可以包括短期目标和长期目标，涵盖自我认知、情绪管理、人际交往、学业发展等多个方面。在计划的执行过程中，要有专门的导师进行指导和跟踪，定期评估进展，及时调整策略。这种个性化的成长支持可以帮助学生实现全面、持续的心理发展。

通过发展个性化、精准化的服务模式，可以更好地满足每个学生的特定需求，提高心理健康教育的针对性和有效性，从而实现真正的因材施教。

五、强化危机预防和干预能力

在创新心理健康教育内容与方法的过程中，加强危机预防和干预能力建设是一个不容忽视的重要方面。心理危机事件的有效预防和处理直接关系到学生的生命安全和身心健康，因此需要给予特别的关注。

第一，要建立健全的心理危机预警系统。在宏观层面，可以利用大数据分析技术，监测学生群体的整体心理状态变化趋势，及时发现可能引发群体心理危机的因素。在中观层面，可以通过定期的心理健康普查，识别出高危人群。在微观层面，可以通过日常观察、师生反馈等方式，及时发现个别学生的异常表现。这个预警系统应当是动态的、多维的，能够实现对心理危机的早期识别和预防。预警系统的建立需要多方面的协作，包括学生处、心理健康中心、辅导员、任课教师等，形成全方位的监测网络。

第二，要制定科学的危机评估和分级处置方案。针对不同类型和程度的心理危机，制定相应的评估标准和处置流程。例如，可以将心理危机分为轻度、中度、重度等 3 个等级，每个等级对应不同的处置方案和负责团队。这种分级处置的方式可以确保资源的合理分配，同时保证严重危机得到及时、专业的处理。处置方案的制定应当基于科学研究和实践经验，并定期进行评估和更新。

第三，要组建专业的危机干预团队。这个团队应当包括心理学专家、精神科医生、经验丰富的辅导员等，并定期进行专业培训和演练。团队成员应当掌握危机干预的理论和技能，能够在紧急情况下快速、有效地开展工作。同时，还应当建立与校外专业机构的合作网络，在处理复杂或严重的心理危机事件时，能够及时获得外部支持。

第四，要加强对全体教职工的危机意识和基本技能的培训。心理危机的及时发现和初步处理往往依赖于与学生日常接触最多的教师和辅导员，因此，应当定期对全体教职工进行心理危机识别和初步应对的培训，提高他们的敏感性和应对能力。这种全员培训可以形成一个广泛的心理危机预防和初步干预网络。

第五，要建立心理危机发生后的跟踪支持机制。心理危机的影响往往不会在短期内完全消除，需要持续的关注和支持。可以建立危机发生后的跟踪观察制度，定期评估学生的恢复情况，提供必要的心理支持和辅导。同时，还应当对危机事件进行总结和分析，以改进预防和干预工作。

通过上述措施，可以构建一个全面、科学、有效的心理危机预防和干预体系，极大地提升学校应对心理危机的能力，保障学生的心理健康和人身安全。

总的来说，创新心理健康教育内容与方法是一个系统工程，需要从课程体系优化、教学方法创新、专业教育融合、个性化服务发展和危机预防干预能力提升等多个方面进行全面创新。这种创新不仅需要理论指导，更需要在实践中不断探索和完善。

在创新的过程中还应注意以下几点。

第一，坚持以学生为中心的原则，所有的创新都应当以满足学生的实际需求、促进学生的全面发展为出发点和落脚点。

第二，注重科学性和实效性的统一，创新应当建立在科学研究的基础上，同时要经过实践检验，确保能够产生实际效果。

第三，重视技术手段的应用，充分利用信息技术、人工智能等现代技术手段，提高心理健康教育的效率和覆盖面。

第四，强调多学科、多部门的协作，心理健康教育的创新不仅需要心理学、教育学、社会学、信息技术等多个学科的支持，还需要学校各个部门的密切配合。

第五，建立持续改进机制，要对创新措施的效果进行定期评估和反馈，根据评估结果不断调整和优化。

通过上述创新举措，可以使心理健康教育更加科学、有效，更加贴近学生实际，从而更好地满足新时代大学生的心理健康需求，促进学生的全面发展和健康成长。同时，这些创新也将推动高校心理健康教育工作整体水平的提升，为培养心理健康、人格健全的新时代人才做出重要贡献。

第四节　提升心理健康教育的专业化水平

一、加强心理健康教育队伍建设

心理健康教育队伍的专业化水平直接关系到教育的质量和效果，因此，加强队伍建设是提升心理健康教育专业化水平的首要任务。

第一，要明确心理健康教育队伍的构成。心理健康教育队伍应当包括专职心理健康教育工作者、兼职心理健康教育工作者（如辅导员、专业教师）、学生心理健康同伴辅导员等。其中，专职心理健康教育工作者是核心，应当具备心理学、教育学等相关专业背景，并持有心理咨询师等专业资格证书。兼职心理健康教育工作者需要具备基本的心理健康知识和技能，能够在日常工作中发挥心理健康教育的作用。学生心理健康同伴辅导员则可以在专业指导下，开展同伴互助活动。

第二，要建立健全的培训体系。可以分层次、分类别开展培训，如对专职心理健康教育工作者进行高级专业技能培训、对兼职心理健康教育工作者进行基础知识和技能培训、对学生心理健康同伴辅导员进行心理健康知识和沟通技巧培训等。培训形式可以包括专题讲座、案例研讨、实践操作、线上学习等。培训内容应当紧跟心理学和教育学的最新发展，同时结合实际工作中遇到的问题和挑战。例如，可以邀请知名心理学专家开展专题讲座；组织小组讨论分析典型案例；进行角色扮演练习咨询技巧。同时，还可以利用在线学习平台，提供丰富的学习资源，方便心理健康教育工作者进行自主学习。

第三，要建立队伍的准入和退出机制。可以制定明确的准入标准，包括学历要求、专业背景、工作经验等，确保队伍的专业水平。例如，对于专职心理健康教育工作者，可以要求具有心理学或相关专业的硕士及以上学历，具备国家认证的心理咨询师资格，有 2 年以上相关工作经验等。

第四，要建立定期考核机制，对不能胜任工作者进行调整或淘汰。考核内容可以包括工作业绩、专业知识更新、学生满意度等多个方面。这种动态管理机制可以保证队伍的持续优化和更新。

第五，要建立职业发展通道。可以设置专业技术职务序列，为心理健康教育工作者提供明确的职业发展路径。例如，可以设置助理心理咨询师、心理咨询师、高级心理咨询师、心理健康教育专家等不同级别，每个级别对应不同的工作职责和待遇。

第六，要通过提供进修机会、参与研究项目、出国交流等方式，支持心理健康教育工作者的持续成长。例如，可以选派优秀工作者到国内外知名高校或研究机构进行短期学习，或者资助他们参加国际学术会议等。

第七，要营造良好的工作环境。主要包括提供必要的工作设施和资源，设置合理的工作量和薪酬制度，给予适当的职业荣誉和社会认可等。例如，可以设立专门的心理咨询室，配备专业的心理测评工具和设备；制定科学的工作量考核标准，避免心理健康教育工作者过度劳累。良好的工作环境可以提高心理健康教育工作者的职业满意度和工作积极性，从而提升整体的工作质量。

通过上述措施，可以建立一支专业化、稳定性强的心理健康教育队伍，为提升心理健康教育的专业化水平提供人才保障。

二、深化心理健康教育理论研究

理论研究是提升心理健康教育专业化水平的重要基础，深化理论研究可以为实践提供科学指导，推动心理健康教育的创新发展。

第一，要加强基础理论研究。主要包括对心理健康的本质、影响因素、发展规律等基本问题的探讨，以及对心理健康教育的目标、内容、方法等核心问题的研究。例如，可以深入研究大学生心理健康的特点和影响因素；探讨不同类型心理问题的形成机制；分析心理健康教育的作用机制。这些基础理论研究可以为心理健康教育实践提供理论支撑和方向指引。在开展基础理论研究时，可以采用文献综述、理论分析、概念辨析等方法，系统梳理和评析现有理论，提出新的理论观点或模型。同时，也可以结合实证研究，验证和完善理论假设。例如，可以开展大规模的调查研究，分析影响大学生心理健康的多层次因素，构建大学生心理健康的生态系统模型。

第二，要开展有针对性的应用研究。根据实际工作中遇到的问题和挑战，开展有针对性的应用研究。例如，可以研究不同类型学生的心理特点及其教育策略；探讨新媒体环境下的心理健康教育方法；研究心理危机干预的有效模式。这些应用研究可以直接服务于实践，提高心理健康教育的针对性和有效性。具体而言，可以设立专项研究课题，组织研究团队，开展实证研究和行动研究，并及时将研究成果转化为实践指导。在应用研究中，可以采用问卷调查、实验研究、案例分析等多种方法，收集和分析实证数据，提出具有操作性的教育策略和方法。例如，可以设计对照实验，比较不同心理健康教育方法的效果；可以开展行动研究，在实践中不断反思和改进教育策略。

第三，要推动跨学科研究。心理健康教育是一个综合性领域，需要心理学、教育学、社会学、生物学等多学科的交叉融合。可以鼓励不同学科背景的研究者进行合作，开展跨学科研究项目。例如，可以结合脑科学研究探讨心理健康的生物学基础；可以结合社会学研究分析社会因素对大学生心理健康的影响。这种跨学科研究可以拓宽心理健康教育的视野，带来新的研究思路和方法。为了进一步促进跨学科研究，可以组建跨学科研究中心或团队、设立跨学科研究基金、举办跨学科学术研讨会等。在跨学科研究中，可以综合运用多学科的理论和方法，如结合心理学和神经科学的方法研究情绪调节机制、结合心理学和计算机科学开发智能化的心理健康干预系统等。

第四，要加强实证研究。通过大样本调查、实验研究、追踪研究等方法，收集和分析实证数据，为心理健康教育提供科学依据。特别是要重视心理健康教育效果的评估研究，通过科学的评估方法，客观衡量心理健康教育的实际效果，为之后的改进工作提供依据。例如，可以开展大规模的大学生心理健康状况调查，分析影响因素和变化趋势；可以设计对照实验，评估不同心理健康教育方法的效果；可以进行长期的追踪研究，探讨心理健康教育的长期影响。在实证研究中，要注重研究设计的科学性、数据收集的规范性和数据分析的严谨性。可以采用多种统计分析方法，如描述性统计、相关分析、回归分析、结构方程模型等，深入挖掘数据中的规律和关系。

第五，要注重理论创新。在借鉴国内外先进理论的基础上，结合我国大学生的实际情况和文化背景，构建具有中国特色的心理健康教育理论体系。这种本土化的理论创新可以更好地指导我国的心理健康教育实践。为了进一步促进理论创新，可以设立理论创新专项基金，鼓励原创性研究；可以组织高水平的学术研讨会，促进理论交流和碰撞；可以建立理论研究成果的评价和应用机制，推动理论与实践的良性互动。在理论创新的过程中，要注重吸收我国传统文化和现代社会发展的元素，如结合我国传统哲学思想探讨心理健康的内涵、结合我国社会转型背景分析大学生心理健康的特点等。

通过深化理论研究，可以不断提高心理健康教育的科学性和前瞻性，为提升心理健康教育的专业化水平提供坚实的理论基础。

三、完善心理健康教育的评估体系

科学、全面的评估体系是提升心理健康教育专业化水平的重要保障，完善的评估体系可以客观反映教育效果，从而发现问题、指导改进。

第一，要构建多维度的评估指标体系，应当涵盖心理健康教育的各个方面，包括但不限于教育内容的科学性和适用性、教育方法的有效性、学生参与度、学生心理健康水平的变化、心理危机事件的发生率和处理效果等。这些指标应当既有定量指标，也有定性指标，以全面反映心理健康教育的效果。定量指标可以包括心理健康课程覆盖率、学生心理健康知识掌握程度（通过测试评估）、心理咨询服务使用率、学生心理健康水平（使用标准化量表测量）、心理危机事件发生率等。定性指标可以包括学生对心理健康教育的满意度、教育内容的实用性评价、教育方法的吸引力评价等。在构建指标体系时，要注意指标的科学性、可操作性和可比性。可以采用德尔菲法等专家咨询方法，广泛征求专家意见，确定最终的指标体系。同时，要建立指标的权重体系，反映不同指标的重要程度。

第二，要建立多元化的评估方式。可以采用问卷调查、心理测评、个别访谈、焦点小组讨论等多种方法，从不同角度收集评估数据。同时，评估的主体也应当多元化，不仅包括专业的评估人员，还应当包括学生、教师、家长等利益相关者。具体的评估方式包括：定期开展全校规模的心理健康状况调查，使用标准化的心理测评工具评估学生的心理健康水平；对心理健康课程进行课程评估，包括学生评教、同行评议等；组织学生代表、教师代表参与评估会议，收集他们对心理健康教育工作的意见和建议；邀请外部专家进行第三方评估，以确保评估的客观性和专业性。在实施多元化评估时，要注意不同评估方法的优缺点，合理选择和组合评估方法。例如，问卷调查可以快速获得大量数据，但可能缺乏深度；个别访谈可以深入了解个体情况，但样本量有限。因此，可以采用混合评估方法，结合定量和定性的评估方式，以获得更全面、深入的评估结果。

第三，评估应当是持续性的，而不是一次性的。可以建立定期评估机制，如每学期或每学年进行一次全面评估，同时辅以日常的动态监测。这种持续性的评估可以及时发现问题，调整策略。例如，每学期结束时对心理健康教育课程进行评估，包括学生的学习效果、课程内容的适用性等；建立学生心理健康状况的动态监测系统，定期收集和分析数据，及时发现心理健康趋势的变化；对心理咨询服务进行定期评估，包括服务使用率、学生满意度、问题解决效果等。在实施持续性评估时，要注意保持评估指标和方法的一致性，以便进行纵向比较。同时，也要根据实际情况的变化，适时调整和完善评估体系。

第四，评估结果的应用也非常关键。应当建立评估结果反馈机制，将评估结果及时反馈给相关部门和人员，并用于指导实践。可以根据评估结果调整教育内容和方法，优化资源配置，改进工作流程，具体措施包括：定期召开评估结果讨论会，分析存在的问题和改进方向；根据评估结果制订改进计划，明确责任人和时间表；将评估结果纳入心理健康教育工作的年度总结和下一年度的规划。在应用评估结果时，要注意全面性和系统性，避免片面强调某些指标而忽视其他方面。同时，要注意评估结果的解释和应用要结合具体情境，避免机械化的应用。

第五，应当建立相应的激励机制。可以将评估结果与绩效考核、资源分配等挂钩，激励各部门和个人不断改进工作。例如，将心理健康教育工作的评估结果纳入学院年度考核，对表现优秀的单位和个人给予奖励；根据评估结果调整资源分配，对表现较好的项目或部门增加支持，表彰在评估中表现突出的创新性工作。在建立激励机制时，要注意平衡短期效果和长期发展，避免为了追求评估结果而采取一些短视行为。同时，也要注意激励机制的公平性和透明度，确保所有参与者都能理解和认同评估标准和激励方式。

通过建立科学、全面、持续的评估与反馈机制，可以推动心理健康教育体系的不断完善和发展，提高教育的针对性和有效性。

四、加强心理健康教育的信息化建设

在信息技术快速发展的背景下，加强心理健康教育的信息化建设是提升专业化水平的重要途径。

第一，要建立统一的信息管理平台。这个平台可以实现信息的集中管理和共享，提高工作效率，具体功能包括：学生心理档案管理，记录学生的心理测评结果、咨询记录、心理健康课程学习情况等，形成完整的心理健康发展轨迹；心理健康状况监测，定期收集学生的心理健康数据，进行趋势分析和预警；心理咨询预约系统，学生可以在线预约咨询，系统自动匹配合适的咨询师；心理危机预警，根据学生的各项数据，自动识别潜在的心理危机，及时预警。同时，平台还应当具备数据分析功能，能够自动生成各类统计报告，为决策提供依据。在建设信息管理平台时，要注意系统的安全性和可靠性，确保学生的隐私得到充分保护。同时，要考虑系统的可扩展性和兼容性，以适应未来的发展需求。

第二，要开发多样化的在线教育资源。可以开发心理健康在线课程、制作心理健康主题的微视频、设计互动性的心理健康游戏等，为学生提供丰富的学习资源。这些资源应当注重趣味性和实用性，以吸引学生主动学习。例如，开发系列心理健康慕课课程，涵盖自我认知、情绪管理、人际交往等主题；制作短小精悍的心理健康科普视频，并在各种社交媒体平台进行推广；设计心理健康主题的互动游戏或小程序，寓教于乐。同时，还可以利用虚拟现实、增强现实等新技术，开发沉浸式的心理健康教育内容，提高教育的吸引力和效果。在开发在线教育资源时，要注意内容的科学性和规范性，确保所提供的信息准确可靠。同时，要考虑不同学习者的需求，提供多层次、多形式的学习资源。

第三，要利用大数据技术进行精准分析和干预。通过收集和分析学生的学习行为、生活习惯、心理测评结果等数据，可以及时发现潜在的心理问题，实现精准干预。例如，建立学生心理健康画像，全面了解每个学生的心理特点和需求；开发智能推荐系统，根据学生的个人特点推送个性化的心理健康建议和资源；利用机器学习算法，预测学生可能出现的心理问题，实现早期干预。这种基于大数据的精准干预可以极大地提高心理健康教育的针对性和有效性。在应用大数据技术时，要注意数据的采集和使用应当遵循伦理原则，尊重学生的隐私权和知情权。同时，要警惕过度依赖数据而忽视人性化关怀的倾向。

第四，要建立在线心理咨询系统。这个系统可以提供文字、语音、视频等多种形式的在线咨询服务，打破了时空限制，可以满足学生随时随地寻求帮助的需求。同时，还可以利用人工智能技术，开发智能咨询助手，为学生提供初步的心理支持。例如，可以开发基于自然语言处理技术的智能聊天机器人，回答学生的常见心理问题；建立在线心理测评系统，学生可以随时进行自我评估；提供在线心理互助社区，鼓励学生之间相互帮助。在建立在线心理咨询系统时，要注意保障咨询过程的隐私性和安全性。同时，要建立线上、线下结合的服务模式，对于严重的心理问题，要及时转介到线下的专业机构。

第五，要注重信息安全和隐私保护。在推进信息化建设的同时，必须建立严格的数据安全和隐私保护机制，确保学生的个人信息和心理健康数据得到妥善保护，主要包括制定数据收集、使用、存储的规范，设置严格的访问权限，定期进行安全审计等。同时，要加强对师生的信息安全教育，提高他们的数据保护意识。在处理敏感数据时，可以采用数据脱敏、加密等技术手段，确保数据安全。

通过加强信息化建设，可以极大地提高心理健康教育的覆盖面、精准度和效率，推动心理健康教育向更加专业化、精细化的方向发展。

五、提升心理健康教育的国际化水平

在全球化背景下，提升心理健康教育的国际化水平是提高专业化水平的重要方面。

第一，要加强国际交流与合作。可以与国外高校和研究机构建立合作关系，开展联合研究项目、互派访学、举办国际学术会议等活动。通过这些交流，可以学习国际先进经验，提升自身的心理健康教育水平。例如，可以与国际知名高校建立定期的学术交流机制，每年选派教师和学生进行短期交流；邀请国际知名专家来校举办讲座；组织参加国际心理健康教育相关的学术会议。在开展国际交流时，要注意结合自身的实际情况，避免盲目照搬。

第二，要引进国际化的教育资源。可以引进国际先进的心理健康教育课程、教材和评估工具，经过本土化改造后应用到实践中。同时，也可以聘请国际知名专家来校讲学或担任顾问，为心理健康教育工作提供指导。例如，可以翻译和引进国际优秀的心理健康教育教材，组织专家进行本土化改编；引进国际通用的心理健康评估量表，进行本土化修订；邀请国际专家参与心理健康教育课程的设计和评估等。在引进国际资源时，要注意文化差异，进行必要的调适和改造，以适应本校学生的特点和需求。

第三，要注重跨文化心理健康教育。随着留学生数量的增加，跨文化心理健康教育变得越来越重要。应当针对不同文化背景的学生，开发适合的心理健康教育内容和方法，帮助他们更好地适应跨文化环境。例如，可以开设针对留学生的心理适应课程，帮助他们应对文化冲击和生活适应问题；组织中外学生的跨文化交流活动，增进了解；培养心理健康教育工作者的跨文化能力。在开展跨文化心理健康教育时，要尊重文化差异，避免文化偏见，同时也要寻找不同文化中的共通点，促进文化融合。

第四，要鼓励学生参加国际交流活动。可以组织学生参加国际心理健康主题训练营、志愿服务等活动，拓宽视野，提升跨文化交流能力。例如，可以组织学生参加国际心理健康志愿者项目，在国外开展心理健康服务；鼓励学生参与国际心理健康研究项目，培养国际视野和研究能力；组织学生参加国际心理健康教育相关的竞赛活动。通过参加国际交流活动，学生不仅可以提升专业能力，还可以增强文化敏感性和全球意识。

第五，要推动本土心理健康教育理论和实践的国际化。在吸收和借鉴国际经验的同时，也要总结本土实践经验，形成具有中国特色的心理健康教育理论和模式，并在国际舞台上进行推广和交流。例如，可以组织研究团队，系统总结我国大学生心理健康教育的特色和经验，并形成理论模型；在国际学术期刊上发表研究成果，提高国际影响力；在国际会议上分享我国的心理健康教育实践经验。在推动本土理论和实践国际化的过程中，要注意与国际学术规范接轨，提高研究的科学性和规范性。

通过上述国际化发展举措，可以不断提升我国的心理健康教育水平，为构建多元协同的教育体系注入新的活力，同时也为国际心理健康教育领域贡献中国智慧和中国方案。

总的来说，提升心理健康教育的专业化水平是一个系统性的工程，需要从队伍建设、理论研究、评估体系、信息化建设和国际化发展等多个方面同步推进。这不仅需要心理健康教育工作者的不懈努力，也需要学校、社会和政府的大力支持。通过持续不断的专业化建设，可以为大学生提供更加科学、有效的心理健康教育，促进他们的全面发展和健康成长。

主要参考文献

[1] 冯万里. 校园文化浅谈 [J]. 绥化学院学报，2005（3）：126-128.

[2] 葛宝岳，宋英. 大学生心理健康教育网络模式的实践与探索 [J]. 广西教育学院学报，2004（4）：25-27.

[3] 胡佩芬. 大学生心理健康教育研究 [J]. 理论与当代，2005（6）：37-38.

[4] 赖春艳. 心理咨询师和高校辅导员之间的角色探讨 [J]. 学周刊，2014（7）：15.

[5] 李桂兰. 高校辅导员工作与心理健康教育 [J]. 陕西师范大学学报（哲学社会科学版），2004（A2）：292-295.

[6] 林为平. 高校辅导员做好大学生心理健康教育工作的思考 [J]. 福建医科大学学报（社会科学版），2007（A1）：80-82.

[7] 刘美涓，余华. 大学生 SCL-90 测试结果的研究 [J]. 心理科学，1995，18（5）：295-298.

[8] 罗公利，聂广明，陈刚. 从国际比较中看我国高校辅导员的角色定位 [J]. 中国高等教育，2007（7）：61-63.

[9] 裴海艳. 谈高校辅导员如何做好学生心理健康教育工作 [J]. 教育与职业，2007（17）：98-99.

[10] 钱雅文，石成奎. 高校辅导员与心理咨询师角色冲突的对策 [J]. 职教论坛，2012（17）：115-116.

[11] 肖冬梅. 关于加强大学生心理健康教育工作的思考 [J]. 辽宁公安司法管理干部学院学报，2005（3）：92-93.

[12] 肖颖，刘连新. 关于高校辅导员做好学生心理健康教育的思考 [J]. 科教文汇（下旬刊），2009（12）：10.

［13］熊亚红，王家彬，虞荣安，苟定邦，赵静，鱼芳青. 大学生心理健康状况与体育教学模式的探讨［J］. 现代教育科学，2005（9）：73-76.

［14］王进. 辅导员在实施大学生心理健康教育中的作用及对策探索［J］. 科教导刊，2010（4）：128-129.

［15］王岩. 存异求同，取长补短：浅论高校辅导员与心理咨询师角色冲突及应对策略［J］. 科教导刊（上旬刊），2014（9）：233-234.

［16］杨明. 221 名大学生的 EPQ 和 SCL-90 调查分析［J］. 河南预防医学杂志，2006（2）：77-78.

［17］杨思帆. 试论新形势下高校学生心理健康教育的五大引导［J］. 黑龙江教育（高教研究与评估版），2006（C1）：71.

［18］张达. 辅导员与学生之间交流的角色定位［J］. 黑龙江高教研究，2007（4）：118-119.

［19］张端. 空中乘务专业学生心理健康教育工作方法的探讨［J］. 科教导刊，2011（10）：206-207.

［20］张坚. 当代大学生心理健康状况分析及对策［J］. 河北青年管理干部学院学报，2005，17（2）：40-42.

［21］张立兴. 辅导员"导"的角色定位［J］. 思想教育研究，2000（5）：53-54.

［22］张生阳，宋之霞. 论大学生心理健康教育［J］. 嘉兴学院学报，2006，18（2）：135-138.

［23］章飚. 大学生心理健康问题探析［J］. 实用全科医学，2007，5（7）：621-623.

［24］章成斌. 大学生心理危机干预的实践和探索［J］. 高等工程教育研究，2004（4）：55-56.

［25］郑翔. 当代大学生心理健康教育及其对策研究［J］. 福建商业高等专科学校学报，2005（3）：52-54.

［26］周勤. 高职院校心理健康教育途径研究［J］. 佳木斯教育学院学报，2011（5）：235-236.

［27］张华. "90 后"大学生心理咨询求询意识研究［J］. 思想理论教育，2013（3）：67-71.

[28] 周正怀. 辅导员开展大学生个别心理辅导的思考 [J]. 卫生软科学，2008 (5)：390-392.

[29] 周振. 大学校园文化建设的重要性及方法 [J]. 攀枝花学院学报（综合版），2006 (4)：73-74.

[30] 曾庆娣. 大学生心理危机干预研究综述 [J]. 思想理论教育，2006 (23)：52-55.

[31] 翟爱玲，李珍华，崔爱环，张金响，陈勇. 医学生心理健康状况及其与个性特征的关系 [J]. 山东精神医学，2005 (3)：140-142.